从此爱上说话

牛广海 编著

吉林文史出版社
JILIN WENSHI CHUBANSHE

图书在版编目（CIP）数据

从此爱上说话 / 牛广海编著. -- 长春：吉林文史
出版社，2019.9（2021.9重印）

ISBN 978-7-5472-6466-9

Ⅰ. ①从… Ⅱ. ①牛… Ⅲ. ①语言艺术－通俗读物
Ⅳ. ①H019-49

中国版本图书馆CIP数据核字(2019)第153411号

从此爱上说话
CONGCI AISHANG SHUOHUA

编　　著　牛广海
责任编辑　魏姚童
封面设计　韩立强
出版发行　吉林文史出版社有限责任公司
地　　址　长春市净月区福祉大路5788号
网　　址　www.jlws.com.cn
印　　刷　天津海德伟业印务有限公司
版　　次　2019年9月第1版　2021年9月第2次印刷
开　　本　880mm×1230mm　　1/32
字　　数　145千
印　　张　6
书　　号　ISBN 978-7-5472-6466-9
定　　价　32.00元

前言
PREFACE

　　说话存在于我们每个人的生活中，是增进情谊、解决问题不可或缺的方式。我们每个人时时刻刻都需要同他人交往，时时刻刻都离不开与他人说话。说话是人与人之间交往的一种沟通方式，会说话的往往耀眼夺目，而不会说话的人肯定是黯淡无光，身边朋友也不会很多。

　　吉普林在《演说》一书中提道：言语是人类所使用的最有效果的药方。的确如此，在工作中，正确说话有助于我们建立和谐的工作关系；在生活中，巧妙说话可以帮助我们发展亲密的朋友情谊；在家庭中，温馨说话有益于我们营造融洽的家庭氛围。

　　如果说知识是人生的财富，那么说话就是人生的资本！《鬼谷子》中有一句名言如是说：口者，心之门户也，智谋皆从中出。这句话一者表明了说话在人们生活工作中非常重要，另一方面也能体现一个人的说话能力的高低，关乎一生的成败。上乘的说话高手，能够把一张嘴变成解决困厄和成就大事的杀手锏。而蹩脚的说话低能儿，一件皆大欢喜的好事也可能被说得鸡飞狗跳。曾经有一次智力竞赛，主持人问"三纲"是什么？一位参赛者抢答道："臣为君纲、子为父纲、妻为夫纲。"因他完全答反了，所以惹得大家哄堂大笑。这位参赛者却巧辩道："笑什么，我说的是新'三纲'，现在是人民当家做主，领导是公仆，岂不是臣为君纲吗？一对夫妇只生一个孩子，成了小皇帝，岂不是子为父纲吗？如今许多家庭妻子掌权，岂不是妻为夫纲吗？"大家听后掌声四起。这就表明，会说话的人能够被别人认同。

　　在今天这个充满竞争的社会，更离不开良好的口语表达。就算你的专业知识丰富，做事能力强，但是如果你不懂得说话的艺术，一切也是枉然。本书旨在向读者介绍说话的艺术和一些实用小妙招，相信各位读者在静心学习与领会之后，能迅速提升自己的说话水平，从此爱上说话。

目录
CONTENTS

第一章　能说会道是一种资本 ………………………… 1

　谈吐体现一个人的气质 ………………………… 2
　会说话的人容易成功 ………………………… 6
　善于言辞体现一个人的自信 ………………………… 8
　会说话的人机会多 ………………………… 10
　善于说话是一种竞争力 ………………………… 12
　擅长说话并非与生俱来 ………………………… 14

第二章　良好的心态是说话的前提 ………………………… 17

　如何做到不怯场 ………………………… 18
　克服恐惧，微笑表达 ………………………… 20
　调整心态，战胜自卑 ………………………… 23
　不要过分在意个人形象 ………………………… 26
　只要胆子大，口吃不可怕 ………………………… 29
　不要害怕说错话 ………………………… 31
　如何与强势的人说话 ………………………… 35
　赞扬别人的优点 ………………………… 38

第三章　巧妙说话的小妙招 ………………………… 43

　尊重他人，平等交流 ………………………… 44

真诚待人是相互的 ………………………………… 46

观察谈话对象的内心 ……………………………… 49

平心静气，正确表达 ……………………………… 52

调动自己的积极情绪 ……………………………… 54

好的开场白是成功了一半 ………………………… 56

要有自己的主见 …………………………………… 62

话不要说得太满 …………………………………… 64

随圆就方，巧妙圆场 ……………………………… 67

合理结尾，管理印象 ……………………………… 69

第四章 肢体语言，大有学问 ……………………… 71

抓住对方眼神的信号 ……………………………… 72

用"谎言"来补救言行失误 ……………………… 74

距离适中是一种交际艺术 ………………………… 79

耳朵是用来听的 …………………………………… 82

触摸表达要得体 …………………………………… 85

第五章 幽默是说话的调味剂 ……………………… 87

幽默语言是一种处世哲学 ………………………… 88

幽默是一种风度 …………………………………… 92

风趣幽默促进交流 ………………………………… 95

巧用幽默，化解矛盾 ……………………………… 99

恰到好处的幽默 …………………………………… 102

掩饰过错不如幽默自嘲 …………………………… 104

幽默的小诀窍 ……………………………………… 106

掌握幽默说话的尺度 ……………………………… 108

第六章 修辞让说话有艺术感 ……………………… 111

善用比喻，生动活泼 ……………………………… 112

巧用象征，升华语言 ································· 114

合理运用夸张的手法 ····························· 116

比拟让语言更加鲜活 ····························· 118

移花接木，巧用借代 ····························· 120

引经据典，增强语言感染力 ··················· 121

排比让语意层次清晰 ····························· 123

一语双关，饶有风趣 ····························· 125

第七章 谦逊表达，学会倾听 ··················· 127

倾听是一种力量 ································· 128

掌握倾听的技巧 ································· 131

在倾听中产生共鸣 ····························· 136

在建议之中巧"弹"弦外之音 ················· 139

温暖的语言有力量 ····························· 142

说话用词需谨慎 ································· 144

说话不要争强好胜 ····························· 146

宽容是和睦之道 ································· 149

第八章 掌握说话的分寸和尺度 ··················· 151

言之有度，拿捏说话分寸 ····················· 152

当言则言，当止则止 ····························· 154

出口赞美也有尺度 ····························· 156

奉承不是无穷无尽的 ····························· 158

把握好说话的火候 ····························· 160

不要执着于分歧 ································· 162

恰当的称呼很重要 ····························· 166

处理尴尬有分寸 ································· 168

热情太过犹不及 ································· 171

开玩笑要注意环境和对象 ………………………………… 174

不做无意义的争辩 ………………………………………… 176

要安慰，就请"走心" ……………………………………… 179

如何委婉地说"不" ………………………………………… 182

第一章　能说会道是一种资本

美国著名教育专家卡耐基非常推崇说话能力，他说："假如你的口才好……可以使人家喜欢你，可以结交好的朋友，可以开辟前程，使你获得满意的结果。譬如你是一个律师，你的口才便吸引了一切诉讼的当事人；你是一个店主，你的口才帮助你吸引顾客。"

这世界上有许多人，因为他们能说会道而人生得意，也有不少人因为不善言辞而郁郁不得志。所以，请不要以为这是小节，人的一生，有一大半的影响，是缘于说话艺术。

谈吐体现一个人的气质

英国著名的思想家本·琼森曾经说过这样的一句话：谈吐是一个人的最好特征。换句话说，我们每个人的谈吐，就是我们自身形象的展示。谈吐不仅是我们自身形象的展示，还是我们与别人沟通交流的重要媒介。因此，我们要树立美好的形象，与他人实现和谐的沟通，就必须注意我们的谈吐，说出得体的话语，从而在人际交往中受到别人的欢迎。

很多人都没有意识到这一点：在一个人说话的背后，是能够体现这个人全部的品格、修养、才学以及城府。哈佛大学曾经的校长伊立特说过："在造就一个有教养的人的教育中，有一种训练是必不可少的，那就是，优美而文雅的谈吐。"言语是思想的衣裳，在粗俗和优美的措辞中，展现出不同的品格，在不知不觉、有意无意间给别人留下了好或不好的形象。

有关研究表明，在劝说人时，其效果只有 8% 与内容有关，42% 与仪容有关，而 50% 却与言谈有关。不管哪一种职业，都要与人建立职业关系。在各种不同的场合，针对形形色色、个性心理迥异的人，都需要做到用语恰当、谈吐得体、不亢不卑、不愠不火，这样，良好的口才不但可以显示一个人得体的外在气质，也能够很好地显示个人的素质修养。甚至在求职招聘的时候，有优秀谈吐的人往往是招聘者们最青睐的，自然，得体的谈吐也能够为你的面试增加好的印象分。

某省的一家知名的外贸公司因为需要进一步拓展业务，就决定面向社会公开招聘 10 名业务管理人员。招聘广告登出以后，人才招聘处便被里三层外三层围个水泄不通……应聘人数竟高达数百人。经过笔试和面试两道关卡之后，最后筛选出 20 人。这筛选出来的 20 名应聘者个个都很优秀。论写，无论是中文还是外文，都是无懈可击；论讲，个个都有问必答，应对如流，滔滔不绝，难分胜负。对于这些人才，该公司一时之间感到难以割舍，对于最终的人选决定颇感踌躇。最后，公司发出话来：请应聘者第二天到公司门口看榜。同时，为了感谢应聘者对公司的厚爱，晚上将在某酒家设宴招待以示谢忱。事实上，该公司是打算通过这次酒宴对应聘者再次进行筛选，从而确定最终的人选。

宴会在热烈的气氛中进行。该公司的几个部门的总经理坐在应聘者中间，相互频频举杯，互作酬答，你来我往，笑语欢声不断。这次酒宴，公司的标准是"醉翁之意不在酒"，在于人才之间也；其目的是煮酒论英雄。该公司认为：笔试和面试只是反映了应聘者的专业知识和部分素质，并不能够反映出一个人的综合素质。因为应聘者都是有备而来，并且都分外地警觉，所以，有些缺点不可能暴露出来。而在气氛热烈的酒宴上，一些应聘者认为大局已定，思想不再设防，于是，一个真正的"自我"便展现在了招聘者的面前：

在宴会上，有的应聘者因为担心自己不会被公司录用，于是就显得沉默寡言，郁郁寡欢。这些应聘者性格过于内向，缺少一定的交际能力，不适合从事外贸工作。有的应聘者自我感觉良好，这些人业务上确实高人一筹，并且在面试的时候也颇具绅士风度，似乎是很完美。但是，在酒宴上，他们的"庐山真面目"就一览无余：谈笑间无所顾忌，有失风度；有的应聘者更是出言不凡："××经理，你只要录用我，两年之内，我保证给你赚几十万。"这种人总是喜欢说大话，看似是有胆有识的人，其实只不过是言过其实，给人一种有些狂妄的感觉……可想而知，上述的这些应聘者最终自然落选了，而那些自始至终言谈表现得体、大方的人，最终胜出了。

有些人的谈吐，让你耳目一新，由衷赞叹，不服不行；有些人的谈吐，让你不知所云，实在提不起兴趣，真的不想多看；比如幽默与笑话，有人讲起来，会让你从心里笑出，回味绵长，过目不忘；有人讲起来，会让你哑然失笑，但一笑了之；有人讲起来，你只能苦笑，更有甚者让你恶心得要死。所以，如果我们想要在人际交往中给别人留下好印象，就要注意养成良好的谈吐。优良的谈吐加上得体的语言，即使是简单的内容，也能打动别人。

富兰克林的自传中有这样一段话："我在约束我自己的时候，曾有一张美德检查表。当初那表上只列着12种美德。后来，有一个朋友告诉我，说我讲话时有傲气，这使人觉得盛气凌人。于是，我立刻注意这位友人给我的忠告，我觉得它足以影响我的前途。然后我在表上特别列上虚心一项，我决定竭力避免说出一切直接冒犯别人感情的话，甚至禁止自己使用一切确定的词句，像'当然''一定'……而以'也许——我想''我认为''就是这样''大概''或许'……来代替。"富兰克林又说，说话和事业的进展有很大的关系，是一个人力量的主要体现。如果出言不慎，与别人争辩，那么，将不可能获得别人的同情、别人的合作、别人的助力。这是千真万确的。所以，一个人想获得事业上的成功，必须具有能够应付一切的口才。要使别人瞧得起自己，先要自己瞧得起自己，决不可露出乞怜的样子。你可以谦逊，但决不可谄媚。你不可唯唯诺诺，使人觉得你语言没有动人之处。你发表意见时不可肆意批评别人；更不可告诉对方说你的计划一定成功，如果雇用你，必可使业务发展等，这只能让对方心里称许，不应由自己说出。自夸必连带着固执，这种态度只会使人厌恶。去访问一个人，把目的简单地说出之后，你就应该告辞。即使环境许可你逗留一些时间，你也应该立刻把话题转到别处。

比如求职应聘，最重要的是表现自己的素质和能力，不过打肿脸充胖子的行为是不宜的，只能虚骗一时。如果应聘令你胆战心惊，那么这也许是你深深地明白自己肚子里究竟有几滴墨水的缘故。这时谈话的范围要守在一定的界限内，不要谈办公室的陈设，不要谈对方的一身装束，而且要有一定的时间观念，你必须把你的资格和能力浓缩表达，在很短的时间内将其交代清楚，所以这时就是检验你所受训练、教育及能力如何的关键时刻。

在工作上，要能胜任并心情愉快，不要摆一副冷面孔，尽量减少情绪上的困扰及不切实际的空想。你可以和同事谈谈工作上所需要的知识，谈谈工作上的经验，要诚心诚意，不存任何成见。在一块儿工作的人，必须彼此尊重、关心，互道平安，态度温和，坦诚相待，心中有话，就要直言不讳。

再者，失言是常有的事。不要故作糊涂，或者虚张声势。应该立即承认自己犯了错误，认错同样能赢来尊重，而且还会大大增加你说话的力量，使你往后所说的每一句话都掷地有声。

会说话的人容易成功

古希腊著名的寓言大师伊索，相传他年轻时在某贵族家当过奴仆。有一次，主人设宴，来者多是哲学家。主人令伊索备办最好的酒菜待客，伊索却专门收集了各种动物的舌头，办了个舌头宴。开餐时，主人大吃一惊，问道："这是怎么回事？"伊索答道："您吩咐我为这些尊贵的客人办最好的菜，而舌头是引导各种学问的关键，对于这些哲学家来说，舌头宴不就是最好的菜吗？"客人听了，个个发出赞赏的笑声。主人吩咐伊索说："那我明天要再办一次酒席，菜要最坏的。"次日，开席上菜时，依然是舌头。主人见状，大发雷霆，斥问伊索缘由，伊索不慌不忙地回答："难道一切坏事不是从口中出来的吗？舌头不仅是最好的东西，同时也是最坏的东西啊！"主人听后，虽然恼羞不已，但也无话可驳。

虽然这则关于伊索的故事是否属实我们无从得知，但它所含的寓意却如真理一般——说话对人类来说具有无法估量的巨大作用。西方一位哲人曾经说过："世间有一种成就可以使人在短时间内完成伟业，并获得世人的认识，那就是讲话能够令人喜悦的能力。"由此可见，拥有一张善于说话的嘴是多么重要。

在今天这个充满竞争的社会，一个人能否成功，不仅取决于他所掌握的知识、拥有的能力、做事的经验，同时还离不开说话的能力。生活在社会中，我们每天都要跟各种各样的人打交道。曾有学者估算过，一个人平均每天要说18000个词语。这么算起来，每个人每天要说很多话，而且越是能办事、越是办事多的人，说话肯定就越多。如果一个人想要在社会中有一番成就，就不仅要会做事，更要善于说话。

纵观历史上众多的名人，以及当今社会的成功人士，大多都是善于说话之人。越来越多的人逐渐认识到：说话、演讲的能力已成为现代人必须具备的重要能力，更是创造型、开拓型人才的必备素质。因为现实生活中有很多有着优异才华的人，因缺乏说话方面的才能，更因为不懂得学习和锻炼，丧失了很多机会。因此，具备优秀的说话能力，是今日讲求竞争力的必备才能之一，是迈向成功的重要法宝。

　　一个人事业的成功与否离不开说话。善于说话的可以获得别人的同情、帮助，与人合作，受到他人的赞赏。在现代社会，善于说话才能够让我们在任何场所、任何时候都备受瞩目，才能够让我们时常处于优势地位，才能够让我们在调整周围人际关系和经济关系的过程中更得心应手，心想事成。如今，善于说话既是一种技艺，同时更是打天下的本领。

善于言辞体现一个人的自信

不难发现，那些能在众人面前滔滔不绝地讲话的人，私下里也是一个充满自信的人。曾经有人做过一个调查，想搞清楚人们进行口才训练的原因和内心愿望是什么，调查的结果惊人一致——大多数人的内心愿望与原因基本是一样的，他们是这样回答的："当人们要我站起来讲话时，我觉得很不自在，很害怕，使我不能清晰地思考，不能集中精力，不知道自己要说的是什么。所以我的最大愿望就是可以在公众面前自信、泰然地发表自己的观点，且逻辑清晰，内涵丰富，让人折服。"

虽然这两者之间没有必然的因果关系，但事实上有强烈自信心的人，一般来说都是能言善辩的人。因为良好的说话能力可以增强一个人的自信心，而一个人的谈吐又是自信的外在表现。

"人是善于说话的动物。"在生活中，随时都会有让你讲话的时候，每个人的内心深处也都希望有展现自己、向大家发表观点、看法的机会。但是，有不少人总是带有很强的自卑感、信心不足。其实，信心和胆量是可以通过锻炼培养的。我们每个人都想做一个出色的人，希望获得他人的好评，希望自己在他人心中树立高大的形象，而要想受人欢迎，必须先让人了解自己。适当地表现自己，会让自己充满信心和力量，这种力量又会促进我们更加地完善自己。

一个善于说话的人，因为自己良好的语言能力，总是能够备受瞩目，所以，总是可以在众人面前自信满满。虽然说，一个人要想充满自信，首先要对自己有信心，但是不得不承认的是，大多数的人信心都是来源于别人的肯定。这也就是为什么口才好的人总是能够充满自信，而那些不善言辞、口才不好的人难免自卑。

　　因此，如果一个人想让自己充满信心，首先可以通过加强自己的口才能力，让自己能在公众面前发表讲话，大胆表现自己，从而慢慢树立起自信。

会说话的人机会多

　　机遇对于一个人是否能成功起着重要的作用。有时一次机遇，就可以改变一个人的人生轨迹。有句话说：机会面前人人平等。但事实上却并非如此。因为我们的生活中常常不乏这样的事情出现：一次不同的机遇造就了不一样的人生，从而拉开了人与人之间在生活、事业上的差距。但为什么有的人得到了机遇而有的人没有呢？有时就取决于一个人口才的好坏，一副好的口才可以让一个人赢得更多的机遇。

　　当今社会，是一个充满挑战和竞争的社会。俗话说"七分本事，三分机遇"。在竞争中，谁把握了机遇，谁就把握住了走向成功的密码。机遇稍纵即逝，能否抓住机遇非常重要。有句话叫"机会都是人自己创造的"。我们常常看到的那些名人、成功人士，看似是机遇的获得，在很大程度上其实是通过自己争取到的。我们时常幻想着机遇能从天而降，实际上让机遇主动找自己并不是天方夜谭，不少名人就是依靠自己优秀的口才，从一些细节入手，创造了不少常人看似"让机遇找自己"的神话。

　　有这样一个故事：某公司要招考一位打字员。初试圈定了两名，最后面试时再决定录用其中一人。这两人一位是华裔，一位是西班牙人。她们打字能力是：西班牙小姐每分钟30字，华裔小姐每分钟70字。但是，考完之后，这位传统的中国女子，安静地等在门外，而西班牙小姐却径直闯进经理的办公室。她声称自己打字技术一向快速准确，只是当时太紧张了，没考好，但是这份工作对她太重要，她非得到不可。最后结果，西班牙小姐被录用了。而那位打字技巧高于西班牙人的华裔小姐却在胸有成竹地静候佳音中失去了机会。

　　很多有才华的年轻人之所以怀才不遇，感叹生活艰难、世事不公平，不在于他们的才华不为人所知，而在于他们不懂得如何表达自己，更在于他们没有稳定良好的人际关系。他们或内向，或自负，或木讷，或狂傲，不懂得如何与人沟通，不懂得如何与人建立联系，也不懂得如何靠人际关系来为自己获得帮助和成功。

机遇无处不在，善于言谈的人，可以借助口才的力量促成自己的事业，为社会多做贡献。而拙于言谈的人，往往会失去机遇，或将事情越办越糟，因而抱恨终生。所以，现代社会的种种机遇，要靠你的口才来开拓。

一个人的一生是否能够成功，和这个人的口才好坏有着很大的关系。如果能口若悬河，滔滔不绝，在气势上就可以赢得人们的一份尊敬，就能赢得比别人多一份的机会。的确，能够在交谈中把意思有效地表达出来的人，走到哪里都可以出人头地。他们不但可借口才引起旁人的重视，也比一般人拥有更多、更好的发展机会。

善于说话是一种竞争力

现代社会是个竞争激烈的社会，拥有一副好的口才已经成为人才竞争的重要素质之一，它是人们取得成功的基石，是迈向成功的第一步。成功学大师戴尔·卡耐基说："一个人的成功，85%靠人际关系，人际关系的成功，85%靠沟通。"事实正是如此，在人的一生中，事业要取得成功，85%归因于与别人的沟通，15%是来源于自己的能力。

我国首次载人航天飞行成功之后，宇航员杨利伟便成了名人。他之所以成为首位进入太空的宇航员主要有三方面原因：他的心理素质好，口头表达能力强，说话有条理、有分寸。杨利伟认为，航天无小事，不管做什么事情，都尽最大努力做好，就连训练后的总结会、训练小结也是如此。在总结会上，杨利伟准备充分，积极发言，发言条理清晰，逻辑性强，态度从容。在最终确定三人为首飞候选人之时，三人各方面都十分优秀，难分高下，只是考虑到作为我国第一位进入太空的宇航员，要面对全世界的目光，接受新闻媒体采访，进行巡回演讲，才最后定下口才好的杨利伟。

由此可以看出，口才能在竞争中决定一个人的成败，是赢得胜利的资本。试想，如果杨利伟没有好口才，他可能就不能成为首位进入太空的宇航员。而在生活中，我们也常常遇到很多和别人竞争的时候，殊不知，善于说话对我们来说同样重要。所以，我们不妨努力训练自己的口头表达能力，在汇报、演讲、发言等场合中着力表现自己，这样就能引起领导的注意，从而引来更多成功的机会。

三百六十行，行行都需要口才。在人类社会的生活中，一个人是否有好口才，是否善于说话，成就与境遇必定会大不一样。

现代社会里，那些表现得羞怯拘谨、笨嘴笨舌、老实巴交的人，总会处在交际困难的尴尬里；而那些能说会道，言语动人的人不论是做什么事，总是会很顺利，并很容易取得成功。

在日益激烈的就业竞争中，很多求职者都发现自己面临着这样的一个现实：工作经验，专业技能，不再是企业选拔人才的唯一标准。用人单位在选拔人才时，越来越重视求职者的综合素质，特别是良好的口才，即沟通表达能力。

"现在求职竞争太激烈，那些口才好，擅长表达的人，求职的成功率就高得多。"最近让小王特别头疼的事。小王是从事文职工作的，这项工作她已经做了两三年了，而且她心思细腻、做事仔细。但是公司最近精简人员，因为自己的口头表达能力不好而被裁掉了。出来重新找工作的小王，发现那些公司宁愿要那些毫无工作经验的，但是特别能说会道的毕业生，都不愿选择有一定的从业经验的自己。让小王在求职竞争中无比受挫。

一般来说，在从事文职类工作中，其实对口才的要求相对不是那么高。但是小王却因此屡遭碰壁，那其他对口才要求比较高的工作，岂不是更需要口才好的求职者？

在我们今天的市场经济大潮中，现行的双向选择的就业时机要求我们：充分地发挥你的口才，就有可能得到一份好工作；否则，就会白白地失去良机，从而可能影响你一生的成就。总之，一个人要想成功，他可以没有资本，但是不可以没口才，良好的口才是一种竞争力。

擅长说话并非与生俱来

在生活中，我们总能看到一些人非常爱说话。其实，说话的天才，并不是天生的，而是从现实中锻炼出来的。

没有哪种活动是不必开口说话的，商业、社交、政治甚至社区工作无不需要说话。练习的机会越多，改进的机会也就越多，到处都是练习谈话的题材和对象。只有不停地练习，你才能知道自己可以进步到何种程度。

许多擅长说话的人，最初大都是拙嘴笨舌的人。

著名的演说家和心理学家爱德华·威格恩先生曾经非常害怕当众说话或演讲。他读中学时，一想到要起立做 5 分钟的演讲，就惊悸万分。每当演讲的日子来临时，他就会生病，只要一想到那可怕的事情，血就直冲脑门，脸颊发烧。读大学时情况依然没有得到改变，有一回，他小心地背诵一篇演讲词的开头，而当面对听众时，脑袋里却"轰"地一下，不知身在何处了。他勉强挤出开场白："亚当斯与杰克逊已经过世……"就再也说不出一句话，然后便鞠躬……在如雷的掌声中沉重地走回座位。校长站起来说："爱德华，我们听到这则悲伤的消息真是震惊，不过现在我们会尽量节哀的。"接着，是哄堂大笑。当时，他真想以死解脱。后来，他诚恳地说："活在这个世界上，我最不敢期望做到的，便是当个大众演说家。"

同样如此，像林肯、田中角荣等世界著名演说家的第一次演讲都是以失败而告终的。那么，他们为何会在如此薄弱的基础上获得了令人惊奇和引人注目的成功呢？也许每个人都会产生这样的疑问，每个人也都有过这样的梦想，希望自己有朝一日能像他们一样口若悬河，娓娓而谈，令人折服。其实，答案很简单，只要勇敢地面对现实，大胆地面对挑战，刻苦勤奋，坚持不懈地努力练习，完全可以拥有出色的说话，实现自己的梦想。

狄里斯在西欧被称为"历史性的雄辩家"。但他的雄辩并不是天生的才能，也是后天练就出来的。

据说，他天生嗓音低沉，且呼吸短促，口齿不清，旁人经常听不到他在说些什么。当时，在狄里斯的祖国雅典，政治纠纷严重，因此，能言善辩的人格外引人注目，备受重视。尽管狄里斯知识渊博，思想深邃，十分擅长分析事理，能预见时代潮流和历史发展趋势。但是当他做了一番周密细致的思考，准备好了精彩的演讲内容，第一次走上演讲台，就不幸遭到了惨痛的失败，原因就在于他嗓音低沉、肺活量不足、口齿不清，以至于听众无法听清楚他所言何事、何物。但是，狄里斯并不灰心，他反而比过去更努力地训练自己的说话能力。他每天跑到海边去，对着浪花拍击的岩石放声呐喊；回到家中，又对着镜子观察自己说话的口型，做发声练习，坚持不懈。狄里斯如此努力了好几年，终于功夫不负有心人，再度上台演说时，他博得了众人的喝彩与热烈的掌声，并一举成名。

我们要珍惜每一次练习说话的机会，当我们参加某一个团体、组织，或出席聚会时，不要只袖手旁观，而要施展浑身解数，勤奋地进行说话练习。比如，主动协助他人处理一些工作，尤其是一些需要到处求人的工作。设法做各类活动的主持人，这样，你就有机会接触那些说话好的人，可以向他们学习说话的技巧，自然而然，你也就可以担负一些发表言论的任务。

在日常生活中，也可以寻找到讲话的机会。山姆·李文生在纽约任中学教员时，就喜欢与亲人、同事和学生就工作和生活中的一些事情发表意见，做简短的谈话。没想到这些谈话引起了听众热烈的反响。不久，他受邀为许多团体演说，后来，成了许多广播节目里的特约嘉宾。之后，山姆先生便改行到娱乐界发展，且成就非凡。现在他不但是广播、电视明星，而且还是在美国各地都很有影响力的演讲者。

　　即使读遍所有关于说话的书籍，如果不寻找机会开口练习，依然不会有说话上的出色表现。实践是必需的，当你勇敢地踏出第一步，后面要比你想象的轻松得多，不实践，你就会把困难想象得无限大。因此，如果你想要成为一个能言善辩的高手，不要错过生活给你提供的任何一次练习的机会。

第二章　良好的心态是说话的前提

《鬼谷子》中有一句名言如是说：口者，心之门户也，智谋皆从中出。由此可见，一个人说出来的话是源于心中的想法，只有心中所想成熟稳重，说出来的话才动听，受人喜欢。

拥有什么样的心态，就会用相应的方式去做事，也会得到相应的结果。因此，我们要想进行提升自身的说话修养，先要拥有良好的心态。

如何做到不怯场

"我总是不敢在众多人面前说话，那样的话，我会面红耳赤、心跳加快，脑子里一片空白，说话哼哼唧唧、颠三倒四，老半天都不知道自己到底在说什么。"很多人坦然承认自己害怕当众说话，而且为此感到苦恼。英国历史上有位名为狄斯瑞的首相曾说："我宁愿率领一队骑兵去冲锋陷阵，也不愿在下院做一次演讲。"

大多数人都害怕当众讲话，即使是职业演说家都不会例外。人们在说话的时候出现失败是很正常的事情，因为我们是人，而不是神。

英国杰出的现实主义戏剧作家萧伯纳以幽默的演讲才能闻名于世。然而，人们最多的是看到他的辉煌，很少有人知道，他20岁初到伦敦的时候，却羞于见人，胆子很小。遇上有人请他去做客，他总是会在人家门前忐忑不安地徘徊许久，而不敢直接去敲门。一次，朋友邀请他去参加一个学术辩论会。在现场，他慢慢地站起身，紧张极了，然后开始了他有生以来的第一次当众演讲。演讲完之后，他受到了很多人的讥笑。会后，他感觉自己充当了一次十足的傻瓜，蒙受了奇耻大辱。为了雪洗这个耻辱，在此后的一段时间里，他每周都要当众演说一次，人们在市场、教堂、学校、公园、码头，甚至在挤满三四千听众的大厅或者是只有寥寥数人的地下室里，都能看到他的身影，听见他的慷慨陈词。有人曾做过一个统计，在短短十二年的时间里，萧伯纳的演讲竟然达到了1000多次。

正像萧伯纳的第一次演讲一样，害怕当众讲话是一种普遍的心理。许多大演说家的第一次讲演也并非都那样尽如人意，有的甚至还曾出现过非常难堪的场面。国际公认的杰出女活动家蔡特金第一次演讲的时候就出现过这样的状况。虽然在演讲前她已经做了细致充分的准备，可是一上台，紧张得把要讲的话全部忘掉了，大脑一片空白。英迪拉·甘地夫人在初次登台演说时，紧张得一句话都说不出来，自己都不知道自己讲了些什么，只是听到场下一名听众说道："她不是在讲话，而是在尖叫。"在哄堂大笑中，她的讲话结束了，然后窘迫地走下了讲台。美国著名作家马克·吐温说他自己第一次在公开场合演说的时候，嘴里仿佛塞满了棉花，脉搏跳动快得像在争夺赛跑的奖杯。英国政治家路易·乔治说，自己第一次试着公开演说的时候，舌头抵在嘴的上腔，竟然一个字都无法说出来。美国前总统福特刚刚踏入政坛的时候，讲话也结结巴巴，让人听着很不舒服。这样的人实在是多得数不过来。然而他们在经过了第一次窘迫后逐渐地成长了起来，他们在战胜一次又一次的失败后开始变得能言善辩，沉着机智，最后成为举世闻名的演说家。

其实，当一个人害怕当众讲话的时候，往往认为只有自己怯场，而别人并不怯场，因此就总在想："为什么只有我一个人这样呢？"其实，这并非是某个人特有的现象，而是绝大多数人都有的现象，只不过别人对于怯场的现象不太注意罢了。

人们往往会被一些潇洒大方、谈吐自如的节目主持人所折服，被一些口若悬河、音色优美的播音员所倾倒。其实，他们并非天生如此。他们一样有怯场的时候。每个人都有害怕当众讲话的情况，因此，害怕当众讲话是很正常的事情，如果一个人在任何场合都气色安定、谈吐自如，那才似乎有些异常。所以不要把说话当成负担，要敢于说话，要勇于在大众面前锻炼自己的讲演能力，只有如此，才会练就好说话，才能成就好人生。

克服恐惧，微笑表达

1977年，一本名为《列表之书》的图书畅销全美。其中，有一章的标题是《人类的14种恐惧》。你知道排在第一的恐惧是什么吗？不是死亡（死亡排名第七），不是蛇虫虎豹，居然是"在一群人面前讲话"！

在一群人面前讲话真有这么恐怖吗？在一次聚会中，小袁对小高聊起了他对奥运会前后房地产与股票行情的走势预测，说得很有见地。聊着聊着，同桌那些三两捉对聊天的人逐渐都被其话语所吸引，都不再说话，安静地听着小袁一个人"演讲"。小袁开始没发觉时还能侃侃而谈，突然当他发现一桌人都在听他说话时，一下子就乱了方寸，说话也开始结巴，言辞也没有了原先的水准……本来能言善辩，但一到台上面对众人，或成为一群人关注的中心，语言表达能力就迅速下降。这是不少人身上的常态，相信类似的经历，在不少读者中有过，并且有些人还在延续着类似的故事。

如何克服"人类第一恐惧"呢？最近，某电视台的主持人告诉观众，其实在上大学前，他是一个不敢当众说话也不善于说话的人，他成为主持人，除了苦练普通话外，还迈过了说话紧张的坎。

有些人在众人面前说话时，表情十分不自然，除了容易怯场之外，还常常说出几句自己也没想到的不合适的话或词汇，这令他们自己也大为吃惊。其实，导致这种现象的原因主要是缺乏心理准备和实际训练，通过下列的训练完全可以克服。

第一，努力使自己放松。说话紧张的人大都是想要说话时呼吸紊乱，氧气的吸入量减少，头脑一时陷于麻木状态，从而不能按照所想的词语说出来。

在某种意义上说，"呼吸"和"气息"是一个意思，因而调整呼吸就是"使气息安静下来"。

说话时发生不正常情况通常是这样的顺序：怯场——呼吸紊乱——头脑反应迟钝——说支离破碎的话。因此调整呼吸会使这些情况恢复正常。

说话时全身处于松弛状态，静静地进行深呼吸，在吐气时稍微加进一点力气。这样一来，心就踏实了。此外，笑对于缓和全身的紧张状态有很好的作用。微笑能调整呼吸，还能使头脑的反应灵活，话语集中。

第二，练习一些好的话题。在平时应酬中，我们可以随时注意观察人们的话题，哪些吸引人而哪些不吸引人？为什么？原因是什么？这样自己开口时，便能自觉地讲一些能引起别人兴趣的事情，同时避免引起不良效果的话题。

第三，回避不好的话题。哪些话题应该避免呢？从你自身来说，首先应该避免你不完全了解的事情。一知半解、似懂非懂、糊里糊涂地说一遍，不仅不会给别人带来什么益处，反而给人留下虚浮的坏印象。若有人就这些对你发起提问而你又回答不出，则更为难堪。其次是要避免你不感兴趣的话题，试想连你对自己所谈的话题都不感兴趣，怎么能期望对方随你的话题而兴奋起来呢？如果强打精神故作昂扬，只能是自受疲累之苦，别人还可能看出你的不真诚。

第四，训练丰富话题内容。有了话题，还得有言谈下去的内容。内容来自生活，来自你对生活的观察和感受。我们往往可以从一个人的言谈看出他丰富的内涵及对生活的炽烈感情。这样的人总是对周围的许多人和事物充满热情，很难想象一个冷漠而毫无情致的人会兴致勃勃地与你谈街上正流行的一种长裙。

第五，训练语言方式。词意是否委曲婉转？话题是否恰到好处？言谈是否中肯？是否把握要领？口齿是否清晰明白？说话是否犯唠叨琐碎的毛病？说话音量大小是否适度？说话速度是否不急不缓？话中是否不带口头禅？说话是否简洁有力？措辞是否恰如其分、不卑不亢？话中是否带多余的连接词？说话是否真实具体？是否能充分表达说话目的？言谈时是否能设身处地为对方着想？说话是否心无旁骛、专心一致？话中是否含有自我吹嘘成分？是否只顾自己滔滔不绝地说个不停？是否出口伤人？是否能真诚地与人寒暄客套？说话是否能参酌量情？是否能掌握说话技巧？是否能巧妙掌握说话契机？是否能专心听人说话？

　　虽然，我们在和人应酬交谈当中，不可能时时都能使对方感到既愉快又有趣，但是训练有素的谈话能帮你赢得社交，给人留下好的印象。在公共场合与人交谈是一种社会行为，像其他社会行为一样，谈话也有一定的规矩，要做个谈话高手，都必须遵从。与人谈话，哪些可说，哪些不可说，有很多讲究。

调整心态，战胜自卑

除了因为害羞、胆怯不敢说话以外，还有一些人是因为自卑而不敢说话。

所谓自卑，是指一个人对自己严重缺乏自信，认为自己无法胜任自身角色的一种异常心理。生活中，常有这样一些人，他们习惯于拿自己的短处与别人的长处相比，越比越觉得不如别人，越比越泄气，导致消极的自我评价，形成自卑心理；还有一些生性敏感的人总认为别人瞧不起自己，所以办事畏缩、回避交往、害怕交往、同样也形成自卑心理；更有一些人因为在与他人交往的过程中遭受过挫折，以致自卑，在众人面前不敢说话。总之，自卑心理产生的原因是多方面的。从主观上说，自卑心理是由于后天长期对自我的不当评价而逐渐形成的。从客观上说，自卑心理是因为个人的某些生理缺陷或者长期遭受失败体验而造成的。

一个人说话的时候自卑可以分为以下四种情况：

第一，在别人说话优势面前的自卑。在我们的生活中，常常见到这样一些人，他们口齿伶俐，说起话来抑扬顿挫、生动形象……在这些强势的说话者面前，那些内心有自卑感的人往往会觉得很有压力。他们可能会想：我说话不流利，声音也不好听，如果我发言了，一定会被大家笑话的，还是不说为好，免得丢人现眼。这样，他在心理上被别人的说话优势"吓"倒了，因此变得越来越不爱说话。

第二，在别人独到见解面前自卑。比如，在学校课堂上，那些口齿伶俐、有个人独到见解的学生总是备受老师的青睐和同学的羡慕。让他们发言，对整个课堂来说无疑起到了点睛的作用。正因为如此，老师们总是喜欢请这些"优生"发言，冷落了那些原本就不善言辞的孩子。而那些"不爱"说话的孩子，也有"自知之明"，他们总觉得别人说得那么好，自己比不上人家，还是保持沉默的好。久而久之，他们失去了"发言权"，变得愈加自卑、不爱说话了。

第三，在别人的心理优势面前自卑。说话，从某种意义上来说并不是简单地用嘴表达，更有个人的思维、心理活动参与其中。说话能力、思维状况是稳定因素，心理活动则是变化因素。因此，一个人的心理活动常常影响到他的说话水平。面对不同的说话对象和说话关系，心理常会出现微妙变化。比如，小黄在平时和自己的同事说话聊天总是妙语连珠、气畅语酣。但一有领导参与其间，他就觉得对方说话水平就是高自己一筹。所以自己还没开口说话，在心里已经泄了气。

第四，因以往的说话失败的经历而自卑。有的人可能有过一些说话失败的经历，以致留下心理阴影。比如，在单位发言的时候，因为结结巴巴、漏洞百出，遭到了同事们的耻笑……那以后，每每自己准备表达的时候，就会不自觉地想到了失败经历，于是，索性不说了。

总之，每一个说话自卑、不敢当众发言的人，都有过一些特殊的经历。要想纠正自卑的心理，应做到以下几点：

第一，多看到自己的优点，正视自己的缺点。正所谓"尺有所短，寸有所长"，每个人都有自己的优势。只要能不断地看到自己的长处，发现自己的闪光点，就能变得越来越自信，从而敢于大声说话和大胆积极地展示自己。

小钰是个自卑的孩子，在同学面前说话时，她的声音小得像蚊子叫。有一天，老师不耐烦了，就呵斥小钰："你就不能大点声说话吗？你想想蚊子的叫声我们听起来能喜欢吗？"一时间，班上的小朋友哄堂大笑起来，还有一些孩子恶作剧地冲着小钰喊："蚊子，蚊子，说话嗡嗡嗡的蚊子！"小钰可怜兮兮地站在讲台前，着急地哭了起来。后来，小钰索性不说话了，有什么问题就只是点头或摇头，这让爸爸妈妈很是着急。最后，小钰的爸爸妈妈不得不带着小钰去请教心理医生。面对这种情况，心理医生告诉小钰的爸爸妈妈，多赞美孩子，告诉孩子她的优点，这样，孩子就能慢慢地找回自信。在心理医生与爸爸妈妈的努力下，果不其然，小钰慢慢地恢复了自信，变得开朗活泼起来了，说话的声音也变大了。

　　第二，看清楚别人和自己的优势。一个人说话的时候自卑，从本质上说是对别人评估过高引起的。过高地评价了对方，从而看轻了自己，产生距离意识和崇拜意念，此时既卑且怯。如果能够加强对别人的认识，把对方看作是一个平常人或自己身边的好朋友，这样就会减少自卑感了。第三，每次说话打退堂鼓的时候，都要鼓励自己再坚持三秒钟。在别人出色的表现面前打退堂鼓草草收场，不仅让自己尴尬，还会给以后的说话带来恶性循环。这个时候，只要坚持下去，哪怕说得不好，自卑心理都会得到有效的克服。

不要过分在意个人形象

很多人之所以不敢秀出自己，与太在意别人的看法有关。他们在表达自己的思想时，瞻前顾后，察言观色，总是担心自己的言语会给对方带来负面影响，以致自己的"发言效果"大打折扣。其实，就算你虚心听取别人的意见，委屈顺从别人的"意愿"，那也未必能真正迎合别人——要知道，别人对你的看法总是有水分的，有的人总是挑好的说，如果以此为据，你可能会高估自己，自我感觉良好。但也有人可能专挑坏的讲，故意贬低你。所以，当你打算和别人交谈时，就不要太在意人的看法，做真实的自我最重要。

美国著名女演员索尼亚·斯米茨小时候在一个农场里生活。那时候她在农场附近一个小学里读书。有一天，她回家后就伤心地哭了，父亲问时，她断断续续地说道："我们班里一个女生说我长得很丑，还说我跑步的姿势很难看。"

父亲听完她的哭诉后，没有安慰她，只是微笑地看着她。忽然父亲说："我能够得着咱们家的天花板。"

当时的索尼亚听到父亲的话觉得很奇怪，她不知道父亲想要表达的意思，就问："你说什么？"

父亲又重复了一遍："我能够够得着咱们家的天花板。"

索尼亚完全停止了哭泣，她仰着头看了看天花板，将近 4 米高的天花板，父亲能够得着吗？尽管她当时还小，但她不相信父亲的话。

父亲看她一脸的不相信，就得意地对她说："你不信吧？那么你也别相信那个女孩子的话，因为有些人说的并不是事实。"就这样，索尼亚明白了：不能太在意别人说什么，只要自己不否定自己就行。

看了这个故事，你应该明白，太在乎别人对你的看法了，你就不能做真正的自己了。如果什么事都想着别人怎么看，你又怎么能表现出真实的自己呢？有时候，我们没必要管别人怎么看，每个人都会有自己不同的看法，自己认为正确就行。

生活中，很多人都活在别人的眼光中，生活在别人的价值观里。上课回答问题的时候紧张，生怕回答错了遭到同学的嘲笑；走上工作岗位，又要尽可能使自己在同事的心目中是完美的，在老板的眼中是优秀的。

这是因为他们常常高估了自己在别人心目中的地位，努力想去扮演一个完美者的形象。事实上，不必过分在乎别人对你的看法，这种多心只会使你寸步难行。只要你记住，做好你自己就足够了！

如果一个人太在乎别人的看法，他就很难在众人面前展现真实的自己，时间长了，就会养成犹豫不决的性格；如果一个企业家太在乎工人的看法，他就难以成为强有力的管理者。在发奖金的时候，他会首先考虑到副经理会怎么想，科长会怎么议论自己，然后那些老工人会不会认为我不照顾他们，还有门卫会不会认为我不体贴他。这样，不调整十几遍，奖金是发不下去的；如果是一个歌唱家，上台之前太注重外表形象，一身衣服会换上十来次，最后还是带着疑惑上场，上场后发现掌声并没有那么热烈，心里就会万分失落……这样的歌手肯定唱不好，也不会受到大家的欢迎。

黄女士是一位自小就患脑性麻痹的病人，脑性麻痹夺去了她肢体的平衡感，也夺走了她发声讲话的能力。从小她就活在诸多肢体不便及众多异样的眼光中，她的成长充满了血泪。

然而，她没有让这些外在的痛苦击败内在的奋斗精神，她经过自己的一步步艰苦努力，最终获得了加州大学的艺术博士学位。她以手当笔，以色彩告诉人"寰宇之力与美"，灿烂地活出生命的色彩。

在一次演讲会上，一个学生小声地问："你从小就长成这个样子，请问你怎么看自己？你都没有怨恨吗?"

"我怎么看自己?"黄女士用粉笔在黑板上重重写下这几个字。写完之后，她停下笔来，歪着头，看看发问的同学，然后嫣然一笑，回过头去，在黑板上龙飞凤舞地写了起来：

（1）我好可爱！

（2）我的腿很长很美！

（3）爸爸妈妈很爱我！

（4）上帝很爱我！

（5）我会画画！我会写稿！

（6）我有只可爱的猫！

（7）还有……

教室内鸦雀无声，她回过头来坚定地看着大家，最后郑重地在黑板上写下了她的结论：我很优秀，我欣赏我自己。

黄女士倾斜着身子站在讲台，满足的笑容从她的嘴角荡漾开来，有一种永远也不被击败的傲然写在她的脸上。同学们的眼睛湿润了，黄女士的这句话和她那不屈的形象鲜活地印刻在他们的心上。

是的，一个人如果太在乎个人形象，再快乐的事情在他眼中也会变得不快乐了。所以，不要为了别人的看法而改变自己的说话方式，不要为了别人的看法而盲目地让自己服从。走自己的路，在别人面前展现真实的自己吧！

只要胆子大，口吃不可怕

只要有信心，只要有胆量，只要有勇气，一个口吃者也可以站上大众的舞台。也许他的话未必很出彩，但在这个过程中，他能获得一份肯定。

2007 年 10 月 9 日，"北京口吃协会"公益组织的 4 名成员在北海公园永安寺的一角，通过演讲的形式向游人宣讲口吃常识，并呼吁人们正确对待口吃患者。

成员小张说：非常感谢你能聆听我的演讲，不知道你是否听得出来，其实我是一名口吃患者……

23 岁的口吃患者小超也在一处凉亭内向正在小憩的游人们进行了演讲：我以前是一名严重的口吃患者，并自卑地以为"天下唯我独吃"，但是通过一年多有意识地与人进行交流，现在我的口吃症状已经改善了许多……

虽然小超演讲的时候难掩害羞地红着脸，但是他的真诚还是让周围的人将视线转向他，认真地聆听。

当唯一的女成员秋颖登场时，因为过度紧张而一时说不出话，这时，周围的人群中立即爆发出鼓励的掌声，给秋颖打气说："别害怕，姑娘，大点声儿。"

某日上午 10 时许，西安雁塔西苑一个亭子旁围了不少人，亭内两个年轻人拉着"当众演讲训练营"的大红旗子，其他 12 名小伙们一个接一个上来，一个年轻人讲道：今天来这里演讲的是一群"吃友"，也就是"结巴"，但大家都为了战胜自己在这里训练，讲得不好请大家见谅。我是一个"结巴"，因为上小学一年级时看班里其他同学口吃，觉得好玩就跟着学，谁知竟然让我坠入了口吃的深渊，竟然改不过来了，口吃一下让我痛苦了 18 年呀！今天我敢站在这里，都是锻炼的结果，两年前我和陌生人面对面还说不出话呢！所以，朋友们，千万不要学别人口吃哦！

　　这个年轻人大胆的演讲引来了群众阵阵的掌声，旁边一位男士微笑着说："'结巴'比我还演讲得好呀！"

　　到下午，这群"吃友"们要去环城公园做释放训练，他们在公交车上也继续演讲，给车上的人们带来欢笑。14 时许，几个年轻人在环城公园内的演讲训练又开始了。他们 10 多个人轮番站在由他们自己围好的圆圈中间，喊着："我演讲！我勇敢！我快乐……"

　　一个年轻人对路人讲："虽然我们口吃，但我们也要大声演讲。"

　　事实上，口吃不可怕，有口吃的人也可以获得成功，也不妨碍他们做影视演员、配音演员、演说家、歌手等。比如偶像派影视明星、话剧演员、著名配音演员等都有过口吃的人。

　　口吃的人只要对自己多一些信心、多一些肯定，也可以成为一个说话高手。

不要害怕说错话

有这么一些人，他们不敢在众人面前说话，是因为害怕说错话、害怕出丑．他们总是这样暗示自己："写错的字可以涂改，说错的话却如飞出去的箭无法回头，因此，在说话时要谨防失当。"因噎废食的结果可想而知，这些人越来越沉默、越来越成为社会的弃儿。其实，世上哪有常胜将军呢？说话亦如此，即使是在竞选中脱颖而出的美国前总统福特，也曾说过"中国主要住着中国人"之类的蠢话。

所以，不必担心自己会说错话，即便说错了也没什么，完全可以补救嘛！

下面介绍几种在言语失当时如何巧妙化解的招数。相信会对那些总担心说错话而宁做"哑巴"的人有所帮助。

及时改口

历史上和现实中，许多能说会道的名人在失言时仍死守自己的城堡，因而惨败的情形不乏其例。比如 1976 年 10 月 6 日，在美国福特总统和卡特共同参加的、为总统选举而举办的第二次辩论会上，福特对《纽约日报》记者马克斯·佛郎肯关于波兰问题的质问，做了"波兰并未受苏联控制"的回答，并说"苏联强权控制东欧的事实并不存在"。这一发言在辩论会上属明显的失误，当时立即遭到记者反驳。但反驳之初，佛朗肯的语气还比较委婉，意图给福特以更正的机会。他说："问这一件事我觉得不好意思，但是您的意思在肯定苏联没有把东欧化为其附庸国？也就是说，苏联没有凭军事力量压制东欧各国？"

福特如果当时明智，就应该承认自己失言并偃旗息鼓，然而他觉得身为一国总统，面对着全国的电视观众认输，绝非善策，于是继续坚持，一错再错，最后为那次即将到手的当选付出了沉重的代价。刊登这次电视辩论会的所有专栏、社论都纷纷对福特的失策做了报道，他们惊问：

"他是真正的傻瓜呢？还是像只驴子一样的顽固不化？"

卡特也乘机把这个问题再三提出，闹得天翻地覆。

高明的纵横家在被对方击中要害时决不强词夺理，他们或点头微笑，或轻轻鼓掌。如此一来，观众或听众弄不清他葫芦里藏的是什么药。有的从某方面理解，认为这是他们服从真理的良好风范；有的从另一方面理解，又以为这是他们不屑辩解的豁达胸怀，而究竟他们认输与否尚是个未知的谜。这样的纵横家即使要说也能说得很巧，他们会向对方笑道："你讲得好极了！"

相比之下，美国总统里根访问巴西，由于旅途疲乏，年岁又大，在欢迎宴会上，他脱口说道：

"女士们，先生们！今天，我为能访问玻利维亚而感到非常高兴。"

有人低声提醒他说溜了嘴，里根忙改口道：

"很抱歉，我们不久前访问过玻利维亚。"

尽管他并未去玻利维亚。当那些不明就里的人还来不及反应时，他的口误已经淹没在后来的滔滔大论之中了。这种将说错的地点时间加以掩饰的方法，在一定程度上避免了当面丢丑，不失为补救的有效手段。只是，这里需要的是发现及时、改口巧妙的语言技巧，否则要想化解难堪也是困难的。

巧妙转换话题

错话一经出口，在简单的致歉之后立即转移话题，有意借着错处加以发挥，以幽默风趣、机智灵活的话语改变现场上的气氛，使听者随之进入新的情境中去。

曾有一个新毕业的大学生去某合资公司求职，一位负责接待的先生递过来名片。大学生神情紧张，匆匆一瞥，脱口说道："滕野先生，您身为日本人，抛家别舍，来华创业，令人佩服。"那人微微一笑："我姓滕，名野七，地道的中国人。"大学生面红耳赤，无地自容，片刻后，神志清醒，诚恳地说道："对不起，您的名字使我想起了鲁迅先生的日本老师——藤野先生。他教给鲁迅许多为人治学的道理，让鲁迅受益终生。希望滕先生日后也能时常指教我。"滕先生面带惊奇，点头微笑，最终录用了他。

将错就错

这种方法就是在错话出口之后，能巧妙地将错话续接下去，最后达到纠错的目的。其高妙之处在于，能够不动声色地改变说话的情境，使听者不由自主地转移原先的思路，不自觉地顺着演讲者的思维而思维，随着演讲者的话语而调动情感。

纪晓岚称皇上为"老头子"，不巧被皇上听到，龙颜大怒。纪晓岚急中生智，说："皇上万岁，谓之'老'；贵为至尊，谓之'头'；上天之子，谓之'子'。"皇上听了，转怒为喜。

纪晓岚的将错就错令人叫绝。错话出口，索性顺着错处接下去，反倒巧妙地改换了语境，使原本轻慢的失语化作了尊敬的称呼，颇有些点石成金之妙。

借题发挥

素有"东北虎"之称的张作霖虽然出身草莽，却粗中有细，常常急中生智，突施奇招，使本来糟透了的事态转败为胜。

有一次，张作霖出席名流集会。席上不乏文人墨客和附庸风雅之人，而张作霖则正襟危坐，很少说话。席间，有几位日本浪人突然声称："久闻张大帅文武双全，请即席赏幅字画。"张作霖明知这是故意刁难，但在大庭广众之下，"盛情"难却，就满口应允，吩咐笔墨侍候。这时，席上的目光全都集中在张作霖身上，几个日本浪人更是掩饰不住讥讽的笑容。只见张作霖潇洒地踱到桌案前，在满幅宣纸上，大笔挥写了一个"虎"字，左右端详了一下，倒也匀称，然后得意地落款"张作霖手黑"，踌躇满志地掷笔而起。

那几个日本浪人面对题字，一时丈二和尚摸不着头脑，不由得面面相觑。其他在场的人也是莫名其妙，不知何意。

还是机敏的秘书一眼发现了纰漏，"手墨"（亲手书写的文字）怎么成了"手黑"？他连忙贴近张作霖身边低语："大帅，您写的'墨'字下少了个'土'，'手墨'写成了'手黑'。"张作霖一瞧，不由得一愣，怎么把"墨"写成了"黑"啦？如果当众更正，岂不大煞风景？还要留下笑柄。这时全场一片寂静。

只见张作霖眉梢一动，计上心来，他故意大声呵斥秘书道："我还不晓得'墨'字下面有个'土'？因为这是日本人索取的东西，不能带土，这叫寸土不让！"语音刚落，立即赢得满堂喝彩。

那几个日本浪人这才领悟出意思来，越想越觉得没趣，又不便发作，只得悻悻退场。

自己批驳

这个方法很简单，也很有实效。比如："我认为公司的发展在近期不理想……"说着说着，发现自己把意思说反了。这时，可以停下来，问："大家认为这个看法对吗？"不等别人回答，自己马上抢先给出答案："很显然，这个看法是错误的。"然后再针对自己之前的口误进行批驳，别人还以为你开始的说辞是故意在给自己"树靶子"，哪会想到你是口误？

有位领导在记者面前说了这样的话："到海南去旅游要小心，各种陷阱太多，旅游业不规范。"说完后感觉不妥，忙改口："这是网上部分网民的观点，我认为是片面的。首先……"一句差点酿成祸的话，就这样巧妙地化解了。

如何与强势的人说话

人都有一个嫉妒的心理。示弱能使处境不如自己的人保持心态平衡，有利于人际交往。一个人这方面突出，肯定另一方面就有弱点。在社交中，不妨选择自己"弱"的一面，削弱自己过于咄咄逼人的成绩，让别人放松警惕。

地位高的人在地位低的人面前不妨展示自己的奋斗过程，表明自己其实是个平凡的人。成功者在别人面前多说自己失败的经历、现实的烦恼，给人一种"成功不易""成功者并非一举成名"的感觉。对眼下经济状况不如自己的人，可以适当诉说自己的苦衷。

人们常说："枪打出头鸟。"如果一个人能力过强，过于表现自己，无形中会给他人造成压力。在人际交往中，适时适度地示弱往往也是一种有益的处世之道。无论是强者还是弱者，内心其实都渴望被人需要、被人尊重。而示弱往往可以使他人感觉到自身的重要，给人以一种心理平衡，于是对示弱者产生好感。

示弱是一种高超的处世智慧，可以减少或消除不满和嫉妒。事业的成功者，生活中的幸运儿，被人嫉妒是难免的，在一时还无法消除这种社会心理之前，用适当的示弱方式可以将其消极作用减少到最低程度。

有个记者去拜访一位企业家，目的是获得有关他的一些丑闻资料。然而，还来不及寒暄，这位企业家就对想发起质问的记者说："时间还早得很，我们可以慢慢谈。"

当秘书将咖啡端上来时，这位企业家端起咖啡喝了一口，立即大嚷道："哦！好烫！"咖啡杯随之滚落在地。等秘书收拾好后，企业家又把香烟倒着插入嘴中，从过滤嘴处点火。这时，记者赶忙提醒："先生，您将香烟拿倒了。"企业家听到这话之后，慌忙将香烟拿正，不料却将烟灰缸碰翻在地。

在商场中趾高气扬的企业家出了一连串的洋相，使记者大感意外。不知不觉中，记者原来的那种挑战情绪完全消失了，甚至对对方产生了一种同情。这就是企业家想要得到的效果。这整个过程，其实是企业家一手安排的。当人们发现杰出的权威人物也有许多弱点时，过去对他抱有的恐惧感就会消失，而且由于同情心的驱使，还会对对方产生某种程度的亲切感。

在与人的交往中，为了使别人对你放松警惕，造成亲近之感，你可以很巧妙地、不露痕迹地在他人面前暴露某些无关痛痒的缺点，出点小洋相，表明自己并不是一个高高在上、十全十美的人，这样就会使他人在与你交往时松一口气，不再与你为敌。

强者"示弱"，无论对于自己还是对于弱者，都能双双有所收获。为什么这样说呢？因为强者甘心"示弱"，以弱者的姿态行事，自然会谦虚谨慎，别人也会愿意接受，如此可令强者更强。弱者则能从中获得慰藉，心理上得到平衡，从而在心平气和中自觉地向强者学习。

真正的强者，一般都会保持示弱求存的状态，低调地处理自身的现实表现，却不断思考以获得更高的理想。这种示弱的结果，反而是自身环境状态的不断提高，方方面面获得了环境的支持。主观的示弱，客观的实现了自身强者的地位。

坦然示弱，更容易被人们所接纳，生活中我们经常看到，好强出风头的人，总不如平和谦淡的人容易得到大家的认可和信任。很多时候，暴露自己的弱点比极力掩饰自己弱点更可爱，也容易赢得他人的喜欢。

坦然示弱，能为我们赢得更多的朋友。卡耐基曾说："如果你想赢得朋友，让你的朋友感到比你优越吧！如果你想赢得敌人，就时时刻刻都让你感觉到比你朋友优越多了吧！"其实，人都不是十全十美的。掩饰弱点，实际上是一种不自信的表现。在人际交往中，应该学会聆听和关注他人。适当示弱，不仅能拉近人与人之间的距离，留给对方价值空间，自己也会因真实得到更多的支持。

人们对成功者产生嫉妒，是一种天性，适应示弱可以将其消极降到最低限度。有一位年轻人在众多的竞聘者中脱颖而出，被提拔为市场部经理，但他并没有恃才傲物。他在把自己的知识、才能运用到业务中的同时，承认自己在某些方面的"无知"，经常向上司、前辈和同事请教。这种做法缩短了大家的心理距离，保护了他人的自尊，消除了落聘者的嫉妒和年长前辈的不满，而且给人更多的信任感，从而得到了大家的通力支持和合作。

做人应该善于示弱，也就是在自己明显占有优势的情况下，淡化自己的光芒，充分尊重别人。这样的示弱并非真正的弱小，而是一种主动把握生活的自信和从容。

赞扬别人的优点

赞美常常能拉近彼此的距离，无论双方是否相识。无论男女老少、尊卑贵贱都喜欢别人对自己的赞美。赞美能给他人带来成就感和自信心，可谓是一种感化他人的有效方法。

渴望得到别人的赞美是人的一种天性。生活让人们懂得，恰当的赞美可以抬高别人的自尊，并能以此来获得他们的友善和合作。

在生活中，我们也曾见过不恰当的颂扬和奉承，激起的只是对方的疑虑甚至厌恶。诚如雨果所言："我宁可让别人侮辱我的好诗，也不愿别人赞美我的坏诗。"因此，赞美也要恰当，做到恰如其分，要讲究艺术和技巧。

有的人不喜欢别人赞美他显而易见的优点，因为他认为这些优点是很自然的事情，没有必要加以恭维。相反，如果是赞美他不为人知的优点，他会很有成就感，会感到十分受用。

著名记者弗里德·凯利说："对洛克菲勒这位石油大王，倘若有人称赞他善于打理琐碎的家庭经济，他一定会乐不可支。同时，他也很喜欢听人家说他对教会和主日学堂是怎样地热心。"

有一次，当凯利对洛克菲勒向主日学堂里的一群小孩子所发表的谈话，说了两句赞美的言辞时，他立刻就变得非常兴奋。

这些便是洛克菲勒个人所关心的独特的虚荣。相反，如果有人当面赞美他的商业和领袖才能，在他听来反而会觉得没有诚意甚至是愚蠢的。

赞美别人并非是不讲原则，否则，就有阿谀奉承之嫌了。真正明智之人对于无休止的恭维和艳羡也并不喜欢。我们绝对不可以随随便便地恭维别人。对于那些摸不清底细的人，最好是慢慢地深入了解，等到找出他们喜欢的赞扬方式，再使用这一策略也不迟。

在与人们交往的过程中，恰当地运用你的赞美，你会发现人们是那么尊重与欢迎你，也会因此获得许多朋友。

赞美不是献媚。赞美的目的是帮助别人发现自身的价值，获得一种成就感。赞美是发自内心的欣赏。赞美与献媚的动机完全不同，献媚是为一己私利骗取他人的信任，而赞美则是发自内心的真实情感体验的表达。赞美可以消除彼此之间的隔阂，加深彼此之间的关系。赞美是赠给别人的一缕阳光，献媚是为他人设下的陷阱。

赞美和献媚有本质的不同，但就外在的表现方式来看，二者常常被人混淆。故而赞美应该讲究策略，如果策略运用不当，使人误将赞美认为是献媚，就远远背离我们的初衷了。

在赞美别人时，考虑到以下几个方面会得到更好的效果。

（1）在人背后赞美

在各种恭维的方法中，在人背后称赞人，这是一种至高的技巧，要算是最使人高兴的、也最有效的了。你很欣赏某个人时，可以把赞美他的话跟一个与他熟悉的人讲，过不了多久，你的溢美之词就会传到想要赞美的人的耳朵里。他会从而对你产生好感，也会更加信任你的赞美是发自肺腑的。

（2）先否定，后肯定

很多人在赞美别人的时候只是平铺直叙，效果有限。如果尝试采取从否定到肯定的赞美方法，也许效果会更好。比如，一般评价人时常说"我佩服别人，也一样佩服你"；从否定到肯定的评价则是"我很少佩服别人，你是例外。"

（3）借助别人之口

借助别人之口，间接地赞美别人是非常有效的赞美手段，它会使人相信，你是真心实意地，也是发自内心地认可他、欣赏他。

在聚餐的时候，你碰到以前的同学，这位同学事业有成，春风得意。你说"你现在这么有钱，身边肯定有不少女孩子吧"这些话不但显得你没有内涵、势利，还可能引起误会。不妨这样说："听说你刚开了一家公司，大家都说你能力强。祝贺你啊！"你用别人的话来带出你的赞美和鼓励，这样不但能明确地传达你的意思，还能使对方自然而然地接受赞美。

（4）夸人夸到点子上

赞美他人的动机都是良好的，但是，如果把握不好赞美的分寸，把一些不适合赞美的地方也拿来赞美，那就适得其反了。

一个小伙子到同学家里玩，见到同学的哥哥后，就打招呼说："大哥你好，见到你真高兴！真是久仰你的大名，如雷贯耳，今天是百闻不如一见啊！"没想到对方的脸红到了脖子根。原来，他因为打架斗殴被拘留，刚从拘留所里出来。这小伙子不明情况，开口就"久仰大名"地恭维了一番，却无意中揭了人家的伤疤。

（5）称赞不被人注意的地方

常言道："好话听三遍，听了鬼也烦。"大家总是很容易注意到别人的一技之长，赞美其专长的人自然最多，而你要是再"锦上添花"就显得可有可无了。比如，一位美女天天都听别人夸她漂亮，自己心里总会觉得没趣。你不如换个角度，仔细地观察一下她一些不被人注意、可她本人又很在意的地方，然后进行称赞，效果会更好。

（6）在众人面前公开地赞美

批评要在私底下批评，而赞美却要在众人面前称赞，要让周围的人都知道你十分欣赏和肯定他的所作所为，让周围的人都不得不一起称赞他，满足他的荣誉感和虚荣心。

在流言蜚语未产生前，庞葱已有了心理准备，所以他虽然受到魏王不公正的待遇，却仍能以正常的情绪生活。这说明他是一个意志坚强、头脑清楚的人。一切受到流言蜚语的人，都应该向他学习，提高对流言蜚语的认识。

　　遗憾的是，很多人遭受流言蜚语却不能坦然处之。尤其在职场中，同事每天与你在一个单位中工作，彼此之间免不了会有各种鸡毛蒜皮的事发生，引出各种各样的瓜葛和冲突。这种瓜葛和冲突有些是表面的，有些是背地里的，种种的不愉快交织在一起，便会引发各种矛盾。

　　一个单位里，这样的人越多，人际关系越复杂，"内耗"越严重，工作效率也越低。相反，如果大家都能集中精力工作，不过多关注他人的缺点，人际关系就会比较正常、简单，工作效率就会提高。

　　当你发现昔日交往甚密的同事在背后四处散播谣言、诋毁你时，你可能很想和他大吵一通，揭露他的谎言，让其他同事认清他的真面目。但是，你有没有想过，大家是同事，如果你摆出绝交的态度，只会将整个办公室的气氛弄僵。更何况，上司最不喜欢下属因私事而影响工作。所以，对待这样的人和事你要冷静面对，别说过火的话。

　　对这样的同事，你只要暗中与他疏远就行了。所谓"路遥知马力，日久见人心。"时间久了，谁是什么样的人，大家自然也就清楚了，他给你造的谣自然也就不攻自破了。到那时，被孤立的是他，而不是你。

　　面对流言要根据具体的实际情况随机应变。值得注意的是，在流言未起之前就把容易引起流言的事明白地"公告"出来，先打个"预防针"，以免让不明内情的人怀疑、猜想，也让恶意攻击者抓不着把柄，我们这样正身，"流言"就会少一些。

　　现实生活和工作中，一些人总喜欢说别人的闲话，而不顾他人的苦乐和祸福；或者居心叵测，别有用意地制造"闲话"，以达到伤害他人的目的。那么，我们到底应该如何面对流言蜚语，才能使自己免受其害呢？

（1）采取泰然处之的态度

对于闲言碎语，你应泰然处之，没有必要去过多计较。很多时候，流言似乎具有黏连性，你不应付它还好些。你应付它，它也就有了"真正的主人"，不仅消止不了，反倒更"说明问题"，越描越黑。

流言如一只好斗的公鸡，只要你轻蔑它，不和它硬斗，它自己慢慢地就会没有劲头了。有某部电影里的台词这样说："对于闲言碎语，没有必要去计较，也计较不过来。自己想怎么活就怎么活，自己选的路，愿意走的尽管走下去。如果这个人说这么走，那个人说那么走，那你就永远在原地待着吧！"

（2）用事实来说话

要制止流言蜚语，最好的解决办法就是自己拿出修身的实际行动。世上不平、可愤之事太多了。你不去"理"流言，流言却偏爱"理"你。如果事情没有什么大不了的倒无妨，倘若事关重大，什么场合你都保持沉默就不可取了。要用事实来说话，证实自己究竟是不是流言中所描述的那样。

唐朝开元初年，在民间流传一个谣言，说皇上要挑选女子进宫当嫔妃。皇上得知后，就命令选出皇宫中多余的嫔妃，送她们还家。于是，谣传不攻自破，平息了下来。

（3）必要时要予以适当回击

流言蜚语，很多时候你和他理论不清。只要是流言，总是造谣者在编谣造假，哄骗世人，诬陷攻击别人，进而达到他自己的黑暗目的。我们不妨"以其人之道，还治其人之身"，因为假的就是假的，流言蜚语总是有自相矛盾之处。抓住了对方自相矛盾的地方，予以坚决地回击，对方搬起的石头就会砸到自己的脚上。

第三章 巧妙说话的小妙招

话总是说给别人听的。因此,说得好不好,不仅要看话语能否适当地表达自己的思想感情,还要看别人能不能理解并乐于接受。如果你说的话别人不爱听,或者根本就是伤人的话,那么这样的谈话还有什么意义呢?

所以,当你和对方交谈时,要学习一点儿说话的妙招,才能在与他人交谈的时候应付自如,同时也能赢得他人对你的好感。

尊重他人，平等交流

尊重他人，是中华民族的传统美德。尊重他人不是同情、怜悯，更不是赏赐。帮助他人等于帮助自己，尊重他人也等于尊重自己。尊重不是单向的，而是相互。夫妻在朝夕相处中学会尊重对方，才能使爱天长地久；同事之间在工作生活中学会尊重对方，才能使友谊之树长青；邻里在相互谅解中学会尊重对方，才能和睦相处。

在现代企业大力倡导"以人为本"的企业文化的大背景下，尊重员工就成为企业领导者必备的一项基本素质。企业领导者无论是在上司还是在下属面前，都要保持谦逊和礼貌的态度。把自己的位子看得很重，对下属颐指气使、呼来唤去的人，只能引起下属的反感和厌恶。你想让下属怎样对待你，就要怎样对待下属；要想赢得下属的尊重，就应该首先尊重下属。领导者要将尊重员工看作是提升自身形象，满足职工需求，提升企业整体凝聚力和竞争力的重要途径。多用一些敬语不仅不会给你带来伤害，反而会提升你的亲和力和人格魅力。比如，"小李，请你来我办公室一下"和"小王，过来一趟"，多一个"请"字感觉会大不相同。

一个商人看到一个衣衫褴褛的铅笔推销员。出于怜悯，他塞给那人一元钱。不一会儿，商人返回来，又取了几支铅笔，并抱歉地解释自己忘取笔了。临走前，商人又说："你跟我都是商人，你也有东西要卖。"几个月后，他们再次相遇，那卖笔的人已成为推销商，充满感激地对商人说："谢谢您！您给了我自尊。是您告诉了我，我是个商人。"

给需要帮助的人一些力所能及的帮助，很多人都可以做得到，可是能在帮助他人的同时考虑到他的自尊，却未见得人人都会做得到。在这一点上，那位商人的确令人敬佩，因为他懂得尊重他人。尊重他人使他人拥有自尊和自信。商人的几句话让铅笔推销员从乞丐般的自卑中解脱出来，自信地踏上经商之路。

人格是个人最神圣的领地。人皆希望被注意、被尊重。你尊重了他，他会觉得自己的生命不再仅属于自己，也属于你。为什么少数残疾人不容易说话，因为他们在人际交往中，常常得不到尊重，渐渐封闭了自己。一旦你尊重他，以平等的身份待他，他会热泪盈眶，敞开心扉，让你在他心灵中遨游。

一次在大街上，一个行乞的老人拦住了福楼拜，请求施舍。福楼拜一摸口袋，发现身上没带钱，于是对老人说："兄弟，很抱歉，今天没有带钱出来。"一句话，老人热泪盈眶，喃喃道："啊，不，先生，您给了我比金钱更珍贵的东西。上帝保佑您！"

齐国大旱，民不聊生。一个人在路口置锅施粥。这时，来了一个衣衫褴褛的、面黄肌瘦的汉子。施粥人大喊道："喂，过来喝粥！"汉子却始终理也没理他，饿死在了路旁。本来施粥人心地善良，施粥于路口，不失为善之举。因为一句不太注意人尊严的话，而令那位自尊心强的逃荒者不食嗟来之食，宁愿饿死。

很多人把握不准尊重的尺度，失去自我，令自己陷入自卑状态中。其实，尊重是相互的。没有谁天生值得特别尊重，也没有谁又天生不值得尊重。

千万不要把自己打扮成救世主的样子。没有谁比谁高贵，也没有谁比谁卑下。大家都是平等的。为人处事，要做到不亢不卑。

被接纳的感觉最能满足人潜意识里被重视的渴望，方法是微笑。微笑表示出你对他人的欣赏，无条件地接纳。你会让他人的自我价值提高，因为每个人对自己的个性都非常坚持，有人赞赏时都非常高兴。

尊重都会被反弹回到自己身上。当你想到别人的时候，一定朝向积极正面的方向思考，不断地设法让别人觉得他自己很重要，全世界他最重要。

真诚待人是相互的

真诚的语言，不论对说话者还是对听话者来说，都至关重要。说话的魅力，不在于说得多么流畅，多么滔滔不绝，而在于是否善于表达真诚。最能推销产品的人，不见得一定是口若悬河的人，而是善于表达自己真诚情感的人。

在说服对方时，用真诚的态度，会招人喜欢，易于被人接纳。入情入理的话，一方面显示说服者坦诚的态度；另一方面又尊重对方并为对方着想。这样无论在交易原则上，还是在人的情感上都进行了说话，达成了共识，促使合作成功。

当松下电器公司还是一个乡下小工厂时，作为公司领导，松下幸之助总是亲自出门推销产品。每次在碰到砍价高手时，他总是真诚地说："我的工厂是家小厂。炎炎夏日，工人们在炽热的铁板上加工制作产品。大家汗流浃背，却依旧努力工作，好不容易才制造出了这些产品，依照正常的利润计算方法，应该是每件……"

听了这样的话，对方总是开怀大笑，说："很多卖方在讨价还价的时候，总是说出种种不同的理由。但是你说的很不一样，句句都在情理之中。好吧，我们就按你开出的价格买下来好了。"

松下幸之助的成功，在于真诚的说话态度。他的话充满情感，描绘了工人劳作的艰辛、创业的艰难、劳动的不易，唤起了对方深切的同情，也换来了对方真诚的合作。

我们与人交谈时，秉持着一颗"至诚的心"，不流于巧言令色、油嘴滑舌，适当将自己最好的一面通过"说话"表达出来，才能建立良好的人际关系，使自己融入群体之中。

罗马诗人帕利里亚斯·赛洛斯说过："当别人真诚地对待我们的时候，我们也要真诚地对待他们。"真正站在对方的立场上，为对方着想，并全面分析对方的利弊得失，说话真诚，语气亲切随和，不卑不亢，入情入理，这是成功打动对方的诀窍所在。

说话如果只追求外表漂亮，缺乏真挚的感情，开出的也只能是无果之花，虽然能欺骗别人的耳朵，却永远不能欺骗别人的心。一位著名演说家曾经如是说："在演说和一切艺术活动中，唯有真诚，才能使人怒；唯有真诚，才能使人怜；唯有真诚，才能使人信服。"

与人交谈，贵在真诚。只有你与人交流时能捧出一颗恳切至诚的心，一颗火热滚烫的心，才能让人感动，才能动人心弦。

美国总统林肯就非常注意培养自己说话的真诚情谊。他说："一滴蜂蜜要比一加仑胆汁能吸引更多的苍蝇。人也是如此。如果你想赢得人心，首先就要让他相信你是他最真诚的朋友。那样，就会像一滴蜂蜜吸引住他的心，也就是一条坦然大道，通往他的理性彼岸。"

林肯在一次竞选辩论中曾说："你能在所有的时候欺骗某些人，也能在某些时候欺骗所有的人，但你不能在所有的时候欺骗所有的人。"这句著名的格言，成为林肯的座右铭，对于我们也不无借鉴之处。

如果能用得体的语言表达你的真诚，你就很容易赢得对方的信任，与对方建立起信赖关系，对方也可能因此喜欢你说的话，轻易答应你提出的要求。

人与人之间，无论是雇主关系，还是朋友关系；无论是亲戚还是顾客，相互之间都应真诚相待。那么，我们该如何换来他人对我们的真诚呢？答案很简单，只有七个字，那就是：用真诚换取真诚。

拳王阿里因为年轻时不善于言辞而影响了自己的知名度。一次，阿里参赛时膝盖受伤，观众大失所望，对他的印象更加不好了。当时，阿里并没有拖延时间，而是要求立即停止比赛。阿里对此解释说："膝盖的伤还不至于不能进行比赛，但为了不影响观众看比赛的兴致，我请求停赛。"

在这之前，阿里并不是一个多有人缘的人，但是由于他对这件事的诚恳解释，使观众开始对他产生良好的印象。他为了顾全大局而请求比赛暂停的真诚，是在替观众着想，由此也深深地感动了观众。

阿里以一句发自内心的真诚之语挽回了观众对自己的不良印象，也换来了观众对他的支持与喜爱。一个人能成功，很多时候并不在于他能滔滔不绝地吹嘘自己，而是他能为他人着想，关心他人的利益，用自己的真诚换来他人的信任。

观察谈话对象的内心

某大都市的火车站前，有一栋以现代人的眼光看来显得略微陈旧的大楼。这栋 5 层楼的市场，占地面积为 7500 平方米，数年前落成的时候，在那一带附近，以钢筋水泥大楼的开路先锋姿态，成为众人瞩目的焦点。

该大楼是商场前任董事长特地从美国聘请首屈一指的工程师，精心设计而成的。不论外形或内部陈设，都流露出浓厚的艺术气息，颇具美术建筑的风味。但是，随着时代的变迁，这栋著名的大楼终于难逃被拆除的噩运。

一家拆屋公司的董事长 A 先生负责此项工程。他对该大楼的所有者——董事长二世说：

"哇！这栋大楼实在太棒了！您准备将它拆除改建，不是太可惜了吗？多年来，这栋美轮美奂的建筑物，早已成为本市代表性的景观之一，您是否有义务把它继续保存下去呢？您可曾事先征得令堂的同意。倘若令尊还健在的话，又会有何种反应呢？……面对这么一栋杰出的大楼，即使您决定要我拆除，我也不敢贸然从命哩！"

说老实话，A 先生是希望能承包拆屋工程的，孰料他竟然再三强调，不可轻易拆除此楼，连董事长也大感意外。可是，过了一会儿，董事长炯炯有神的眼睛，闪现"深获我心"的喜悦，但他的神情却流露出无限的慨叹。

长辈们耗费大量的精力和财物，建造出象征家族精神的大楼，才历经一代，就必须被摧毁，大家的心情必定十分沉痛。虽然，拆屋之举已势在必行了，但是，若有人轻描淡写地说："好吧！我们就择日动工吧！"董事长的心里必定更加难过，很可能还会因此发生反感。A 先生能在瞬间洞察对方心底的奥秘，提出反对的意见，难怪会博得董事长由衷的嘉许了。

经过十几分钟的交谈，A 先生已赢得董事长全面的信任，且欣然决定由他负责拆屋工程。

接着，A 先生诚恳地说：

"敝公司既然有幸承办拆除工程，我们绝对全力以赴，干净利落地完成任务。请问董事长：您是否想将这些大楼的某些部位，保留下来当作纪念呢？只要交代一声，我一定不负所托！……"

在旁聆听的人，忍不住暗中喝彩。A 先生可谓用心周密，处处为客户设想啊。其洽谈业务的方法，完全符合攻心说服术。其实，针对说服本身而论，根本无须高举"攻心说服术"的旗帜。因为若不能洞悉对方的心理，并提出切中要害的说辞，是绝对无法令人心悦诚服的。

攻心说服术的出发点，应先把握对方深层的心理构造。我们把它比喻成由外及内 1－5 层叠压在一起的同心圆，每向圆心缩进一层，他人入侵时的难易程度都会增加。最里面一层则是不愿让他人入侵，私人秘密的领域。同心圆内侧的部分，属于个人的领域，向外侧扩展的部分，则为公众的领域。

为使读者易于理解，遂用极为平整的形状，来说明表层和深层的界线。可是，人类事实上并未拥有此种明确的心理构造。表层和最深层的界线，或许位于第三层附近，有时候也可能在第四层附近。

此外，各层心壁的厚度，也往往因人而异。有些人表层的心壁特别厚实坚韧，几乎使人无法接近；相反的，某些人的表层则薄弱柔软，但自第二、三层以后，依次增厚，绝对不使他人接触其核心部。

自我核心部是每个人的心理密室，其中珍藏着最贵重的私人隐秘。那么，我们如何能明确地探查对方深层的心理状况呢？如何寻求迫近该处的捷径呢？

现在，我们将游说时可能成为阻碍的心理因素分成八类，即警戒心、成见、心理压力、欲求不满、反感、自尊心、不安感与猜疑心，均应该观察对方表面上的言语或心理活动，了解其拒绝或否定的想法，然后以由浅而深的攻心术为主要的着眼点，分析出对方的排斥心理，继而采取最佳的应对方法，消除其心理屏障。这些即是攻心说服术的要点。一旦我们能找出操纵对方深层心理的引线，使其按照我们的意思行事，那么，要说服对方也就易如反掌了。进一步说，只要能清除盘踞于对方深层心理上的疙瘩，无论以何种方式进行说服，都可以达到意愿。

　　读者们若能理解并把握上述的深层心理分析，然后熟练地运用，除了能扩展良好的人际关系外，更能够以自我的思想和见解，成功地转移他人的思想和感受，使他和自己并列于同一阵线。

平心静气，正确表达

我们在说服对方时，如果直接指出对方的错误，对方常常会采取守势，并竭力为自己辩护。因此，我们最好用间接的方式让对方了解应改进的地方，从而达到让对方转变的目的。

人们常说："不看你说的什么，只看你是怎么说的。"同样要表达一个意思，不同的人有不同的说法，不同的说法会产生不同的效果。我们在与人交流时，不要以为内心真诚便可以不拘言语，这只能让对方对我们产生抵触心理。我们要学会委婉、艺术地表达自己的想法。一句话到底应该怎么说，其实很简单，你只要设身处地从对方的角度想想，就很容易做到。

美国前总统威尔逊曾这样说过："如果你想握紧了拳头来见我，我可以明白无误地告诉你，我的拳头比你握得更紧。但是，如果你对人说：'我想和你坐下来谈一谈。如果我们的意见相左，我们可以共同找出问题的症结所在。'这样一来，我们都会感到我们之间的观点是非常接近的。即使是针对那些不同的见解，只要我们带着诚意耐心地讨论，相信我们不难找出最佳的解决途径。"

有一位名演员，是个出名的花花公子。一位曾经被他追求过的女性回忆说："若是他触动了我的'母性'本能，我就凡心大动。他往往会说'我真笨，连衬衫都穿不好'之类的话。"这位男演员就是利用母性本能，博得女人欢心的。

人人都有自尊心，人人都有好胜心。若要联络感情，则应处处维护对方的自尊，而要维护对方的自尊，就必须抑制你自己的好胜心，成全对方的好胜心。

生活中常常有些人，无理争三分，得理不让人，小肚鸡肠。相反，有些人真理在握，不吭不响，得理也让人三分，显得绰约柔顺，君子风度。前者，往往是生活中的不安定因素，后者则具有一种天然的向心力。一个活得叽叽喳喳，一个活得自然潇洒。有理，没理，饶人不饶人，一般都是在是非场上、论辩之中。假如是重大的或重要的是非问题，自然应当不失原则地论个青红皂白。而在日常生活、工作中，为一些非原则问题、鸡毛蒜皮的小事，争得不亦乐乎，以致非得决一雌雄才算罢休就没有必要了。

争强好胜者未必掌握了真理，而谦下的人，原本就把出人头地看得很淡，更不消说在一点小是小非的争论中，根本不值得称雄。你若是有理，却表现得谦逊，往往能显示出你的胸襟之坦荡、修养之深厚。

演讲时，你在麦克风前打喷嚏，站不稳，故意表演些小失误，就能缓和原来紧张的气氛。听众看到你的小失误后，心里便会想："同样都是人，难免做出些不雅的事。"于是，一种亲切感就自然产生了。

与有自卑心理和戒备心的人初见面时的会谈是很困难的。尤其是在社会地位有差距时，居下位置的一方心中会有胆怯感，在心理上自然筑起一堵防御墙。条件较为优越的人让对方拥有"自己不比别人差"的意识，这一点很重要的。

调动自己的积极情绪

有一次，一个乡下传道者，去问一个著名的牧师，怎样才能在炎热的星期日下午，使听讲者不打瞌睡？那位名牧师诙谐地回答说，只要叫人拿根棍子把那个传道者痛打一顿就好了——滑稽吗？不，这确实是一个再好不过的办法，这短短的两句话，给演讲者的深刻印象，远胜于万卷专业论著的书。

为什么呢？你该知道有许多著名的拳击运动员，都懂得在登台之前刺激自己情绪的重要性。他们有的握紧了拳头向空中乱挥，好似向假想的敌人出拳，有的人则想出一种使自己发怒的借口，使精神亢奋起来，有时我看见他们在后台等候出场时，用力拍着自己的胸部。因此，我也劝告准备上台演说的人们，先走到隔室去运动一下，直到全身血液畅流，脸上和眼中都充满兴奋和活力的光辉。还可以尽量高声朗诵一篇诗歌，或做出激怒而有力的姿势。如果可能的话，在你演讲之前，最好先做一些适当的休息：要想使演说得到成功，一样要用到脑力和体力。著名演说家卡尼基告诉我们："当我年轻时，曾劈过木材，也曾对听众接连讲两小时的话，我发现这两件事，同样要使我耗费不少体力！"

二次世界大战时，有一位麦伦先生对大约数千听众演讲，他不断地大声疾呼，接连有一个半钟头，当他情绪达到顶点的时候，竟昏了过去，后来被人抬下讲坛还不自知呢。他声情激动的演讲的确使他耗尽了气力。

不错，一个成功的演说家，大都是富有活力而精神抖擞的人，他具有超越的爆发力，才能够讲到关键时刻把他的情绪像大山般地喷射出来。

所以，你要想引起对方的兴趣，就得先把自己的兴趣激发出来，你自己兴奋了，方可以兴奋别人啊。

一篇演说最着重的，并不是华丽的词句，而是演说的精神活力，以及词句背后的自信力！许多年前英国下议院议员谢粹丹攻击哈斯廷的那篇著名演说，被当时在场的大演说家毕特传克斯等人公认为英国有史以来最流利的一篇演说，然而，谢粹丹认为他演说的最高价值，还是在于他的精神。因此，当某书店拟出5000镑代价向他购买那篇演说的出版权时，被他一口拒绝了。虽然那篇演说的原稿已经失传了，但是现在若有人买到的话，他一定会大失所望，因为那只是一篇空洞的遗稿罢了，正如一只老鹰的标本一般。

好的开场白是成功了一半

通常的开场白有两种方式，一种是速成式，就是要在开场时立刻抓住听众的注意力；另外一种是缓慢式，不妨先通过几分钟的谈话，使听众们了解你要讲些什么，有什么好的东西可以拿出来与大家共同分享。无论是哪一种开场的形式，幽默的妙语都可以帮助你顺利地把演讲引入正题。这种有趣的开场白，会在你和听众之间建立起成功的联系纽带，直到你的演说结束。

你必须从你演说的第一句起，就能扣人心弦或趣味盎然，不要等到第二句，更不要等到第三句，你应注意的是：第一句！第一句！第一句！

1. 调侃戏谑，妙趣横生

当你在做公开演说时，觉得很难使听众发生兴趣吗？那么，请你看看英国文学家吉柏林在开始演讲时，是怎样逗引听众大笑的。他所讲的并不是假造出来的故事，而是他自己过去的经历，并且用一种戏谑口吻，来指出他的矛盾。下面我们就领略一下吉柏林的妙语开场艺术。

诸位，我在年轻的时候，一直住在印度，我常常替一家报馆采访刑事新闻。这工作是非常有趣的，因为它可以使我有机会去认识一些伪造货币、盗窃犯、杀人犯，以及这一类富有冒险精神的干才。（听众大笑）有时我采访到他们被审判的情形后，我还要到狱里去，拜望一下我那些正在受罪的朋友。（听众又发笑声）我记得，有一位因为杀人被判无期徒刑的人，是一位绝顶聪明而善于说话的年轻人。他告诉了我一段在他看来是一生最重要的话："我觉得一个人如果一失足跌入罪恶的深渊里，他非得从此为非作歹不可，因为只有把其他人都挤到邪路上去，才可表现自己的正直。"（听众的笑声和鼓掌声）这句话也正是当时演讲的妙喻了!

2. 提起听众的好奇心

下面这一段话，请你读下去，看看你对这开头是否喜欢？是否使你立刻感兴趣？

——在 82 年之前，也正是这一个时候，伦敦出了一本被公认不朽的小说杰作，很多人都认为它是"世界上最伟大的一本书"，这本书出版的第一天，便销出 1000 部，两星期内共销去 15000 部。自然，以后又再版了不知多少次，而且世界各国都有译本。几年前，大银行家摩根以一笔巨大的代价，买到了这本书的原稿，现在这本原稿和摩根其他无价的宝物，一并陈列在纽约的美术馆中。到底这一部世界名著是什么呢？那就是：狄更斯著的《圣诞节欢歌》。

你认为这篇演说的开头，的确很成功吗？为什么它一开头就能引起你的注意，并且还使你的兴趣逐步增高呢？原因在于它已经引起你的好奇心，使你的心情；仿佛一直悬在半空一样！

有谁能不被好奇心所吸引呢？如果你在演说的时候，第一句话就能引起听众的好奇心，就可以证明你已经引起听众注意的兴趣了。

3. 放大论点

心理学家赫巴德有一句名言："若把图片放大了，便可使人家更加注意。"我们在演说的时候，有时不妨夸大一点，听众只会感觉到兴趣，决不会批评你过分。比如你参加植树运动演说，你要说明"保护森林的重要"，而在场听众中，如果有一位印刷商王先生，他的业务是与木材的浪费有着重大关系；还有一位银行家李先生，因为浪费的木材间接影响全国人民财富，那么，你就不妨大胆地这样开始说：

——现在我要讲的题目，对于王先生的印刷业以及李先生的银行业务都有着极大的关系。并且对于我们生活必需品的价格，以及房屋的租金，也都发生重大关系……这不是很能惹引听众注意吗？

4．以听众关心的话题导入

一位医师要向听众说明体格检查的重要性，但他却是这样开头：

诸位，你们知道如果按照人寿保险的表格，你今生还能活多少岁吗？据寿险统计学家说：你的寿命，就是你现在的年龄和80岁之差的2/3。比方你现在是35岁，那么，你现在的年龄和80岁之差是45岁，而你的寿命，就是还有45年的2/3了。换句话说，就是你还能活30岁。……你只活这样的年龄够了吗？不，不，我们谁都想多活几年的。然而，这种表格确实是根据几千万人精确记录的数据而制成的，绝对不会有错。那么，难道我们不能逃过这个数吗？不，只要你加强锻炼注意身体保养，一定不难达到这个目的。你第一步该做的就是，要定期做详细的体格检查。

在演说开端，讲些足以引起听众关心的话，这是演说者应该熟记的秘诀。

5．利用视觉促进演讲效果

运用视觉演示可以帮助你从听众那里获得意想不到的收获，你手中若有什么具体的东西，只要是和演讲内容有关，就可以拿给听众们看一看。例如："各位女士、先生们，几天之前我曾在上海为一家大饭店的员工们讲过课。是什么大饭店呢？让我看一看。"于是他伸手从上衣口袋中掏出一把钥匙牌，举着钥匙读道："啊！是希尔顿大饭店。"

视觉配上合适的语言，可以把多数听众的注意力从别处拉回来。当你觉得有必要将视觉和听觉汇在一道运用时，就应当尽量使用那些出人意料并且富于机智巧妙的东西。要设法使在场的每一位听众都能看到和听到你的精彩表演。运用这种方式能使会场的气氛轻松愉快和充满欢乐。

有时我们还可以在讲演中通过幻灯来表达幽默，并在放幻灯的过程中进行扼要的说明。

如果不使用幻灯片，也可以用其他简单的办法使幽默的力量产生视觉效果。例如举起一张示意图，或是挂起一张说明问题的统计表。

有位教授参加大学里的一个会议，原本不想讲话，更没想坐到台上。在他演讲之前，有位钢琴家在钢琴上弹了几个音，使听众的情绪渐渐安定下来。轮到教授讲演了，他先走到钢琴前面坐下，就像坐进高速行驶的汽车和飞机里一样，缓慢小心地做了一个系好安全带的动作。全场的听众都轰动起来，气氛显得十分热烈融洽。

要让每个人都看清你的姿势和动作，这就是最好的视觉效果。有时一个简单的动作就可创造出视觉的幽默，曾经有这样一个例子，当我讲道："他是一个无神论者，甚至不愿走过十字路口"这话的时候，我用手比画了一个十字架。

当然还要注意动作要适度，不能设想用夸张的动作来制造幽默。如果身体动作过分夸张，很可能会使听众把注意力全部集中在演讲者的动作上，而忘了听演讲者的话，那岂不成了哑剧表演？

一位学生在学校中首次练习演讲，他要求同学们注意他的动作和讲话，以便给予批评指导。讲话之后有个同学说："我很喜欢听你的讲话，可不喜欢你的动作。""为什么？""因为你的动作就像是一个全身发痒的病人那样。"由此看来，不恰当的身体动作，反倒容易影响演讲的效果。

有的演讲者还喜欢用另一种方法获得视觉的效果。他说道："在我没有开始讲话之前，我想了解一下在座的诸位中，有没有我的熟人。"接着便睁大眼睛四处观察，忽然他眼光一亮，好像遇到了一个老朋友，并且举手致意。

还有一种最简单也最有效的视觉幽默，那就是在演讲过程中充分利用你的微笑。如果你在众多的听众面前讲话，却不会利用微笑，就好像把百万美元存入了银行，却不会用存折把这财富取出来加以运用一样，浪费了最宝贵的演讲资源。

6. 引述名人名言

有人在讲述汤姆斯·劳伦斯上校在阿拉伯的历险故事时，曾这样开始：

路易·乔治曾经形容过他，认为劳伦斯上校是当代最浪漫、最潇洒的人物之一。

这样的开始，有两种好处。

第一，引用一位名人所说的话，容易使听众对于下面的话格外注意。

第二，引起人们的好奇心。他们一定要问："他浪漫到怎样的地步？""他怎样潇洒的？我从未听过这个人，他做过些什么事？"

7. 先布疑云，后做解释

也有预先述说出一件事情的最终结果，使听众急于想知道这件事的全部经过，这也是引起听众好奇心的最好方法。比如说："最近某地发现一张布告说，不论哪一所学校的两公里之内，所有的蝌蚪，都禁止变成青蛙，以免打扰了学生们读书……"

你听见这样的开头，一定会觉得很奇怪："莫非演讲者在开玩笑，这真是古今奇观，天下真会有这种事？"于是演说者就在你紧张怀疑时，接着往下解释了。

用同样的方式讲述劳伦斯上校的事迹，美国著名娱乐新闻记者陆威尔所用的开头，却是先布疑云，后做解释的技巧。

有一天我走到耶路撒冷的基督街上，遇见一个人，他身上穿着东方皇帝所穿的华服，腰间挂着一柄穆罕默德子孙常佩的金质弯刀，但这人外貌一点也不像阿拉伯人，因为他的眼睛是蓝的，阿拉伯人的眼睛是黑色或棕色的……

这段话当然立刻引起听众的好奇心，使听众急欲一听下文了。此时，听众一定会想："这人究竟是谁？为什么这人要打扮得像阿拉伯人，他做过什么事？后来怎样了？"

8. 以亲身经历开场

人们大都爱听故事，尤其爱听演说者述说他自己亲身经历的故事。已故美国名牧师凯威尔，曾把他那篇《遍地黄金》的故事，演说达 6000 次之多，以下是这篇演说的开场白。

1870 年，我们沿着底格里斯河而下，走到巴格达城时，便雇了个向导，领我们去看西波里斯、巴士伦……

接着他把这个故事逐步讲了开来。这真是能够抓住听众注意力的最好开端，而且这种开端，简单明白，不易失败。他讲得十分轻松自然，能使听众不知不觉地随着故事的情节走。因为他们都希望知道后来到底发生了什么事，所以都能平心静气地听他讲下去。

演说者必须密切注意开始的第一句话，如果讲得不妥，即使全篇的内容很好也是徒劳的！相反的，如果开始讲得强而有力，演讲也就充满了力量！

有一次，一位画家代学生修改图画，学生看了惊异地说："老师，您稍微改动一两笔，便和我的原作完全两样了！"那位作家笑着说："艺术本来就是以这些微细的地方为起点的。"这个道理正像弹钢琴一样。——任何题材，讲得好与不好，完全看讲那事的人怎样讲法，并不在于所讲的是什么。因此，一定要注意你站在听众面前所说的第一句话！

要有自己的主见

古今中外的一些宗教领袖，无不坚持自己的意见，他们总是坚决而大声地训导民众，好像任何人都不能指出他的话是无效的。

释迦牟尼临死的时候，他既不用规劝的口吻，也不悲叹，更不辩论，只用当权者的口吻说："照我的命令去做！"

《可兰经》是几百万伊斯兰教徒的宝典，书中的第一篇祈祷文之后，接着便以"本书绝无可怀疑之处，这是唯一的正路"一语开始正文。

囚犯问保罗："我怎样才能得救？"保罗确定而有力地回答："相信你的主耶稣。"他不用强辩或是双关语，或是"我以为""我想应该这样"一类的词。

一个演说者的谈话，必须有自信心和决断力。当然"决断"并非"武断"，那些专爱在每句话的前面，加一些类似推脱责任的词语，如"或者""我觉得""我的意思"等的演说者，只会显出他是一个怯懦的人！初学演说的人最易犯的毛病，并非过于武断，倒是容易用迟疑、怯懦的话降低语词的力量！

比如有一位商人讲述他乘汽车途中的见闻说：

在道路的左面，"似乎"遍地种着洋葱！

有就有，没有就没有，何必说什么"似乎"？路旁遍种洋葱，是一目了然的事，根本没有用"似乎"的必要。从这一点上，可以看出一个拙劣的演说者，常常会讲出非常可笑的话来！——话中有了怯懦和谦恭，不仅因此失去了自信力，也使别人对你失去了信心！

当然，演说者也应避免盲目的武断。因为在某些时候、某些地方，在某些问题中和某些听众面前，武断的话说得太多，反而是有害无益的。就一般而论，听众的知识水准越高，用武断的话越难成功。有思想的人，他们愿意听启发他们思考的话，在事实面前，他们愿意由自己来作结论；他们愿意被人问起，而不愿意随便接受主观武断的话。

话不要说得太满

自以为是的人总觉得自己的见解没有错，容易把话说满，不给自己留下余地。杯子留有空间，是为了轻轻晃动时不会把液体溢出来；气球留有空间，是为了不会因轻微的挤压而爆炸；人说话留有空间，是为了防止"例外"发生而让自己下不了台。

老板新策划了一个项目，想交给小韩负责。老板向小韩介绍完情况后，问他："有没有问题？"小韩立即拍着胸脯回答说："没问题，放心吧！"过了一周，小韩没有任何动静。老板问他进度如何，他才老实说："没有想象中的那么简单！"虽然老板同意他继续努力，但对他拍胸脯的信誓旦旦已经产生了反感。

空话大话连篇的人，吹得天花乱坠，实际行动却不见几分，难免让人觉得华而不实、难以信任。不如低调一点，做的比说的多，多干活儿少说话，用实际行动证明自己的价值。把话说得太满、太大，就像把杯子倒满了水，再倒就溢出来了；也像把气球灌饱了气，再灌就要爆炸了。不如留点余地，自己能从容转身。凡事总有意外，使得事情产生变化，而这些意外并不是人人都能预料到的。话不要说得太满，就是为了容纳这个"意外"。

在做事的时候，对别人的请托可以答应接受，但最好不要"保证"，应代以"我尽量""我试试看"等字眼。上级交办的事当然要接受，但不要说"保证没问题"，应代以"应该没问题，我全力以赴"之类的字眼。这既是为自己做不到所留的后路，也无损你的诚意，反而更显出你的谨慎。别人会因此更信赖你。即使事没做好，也不会太责怪你。

一家酒店的服务员，发现客人陈先生结账后仍然住在房间，而这位陈先生又是经理的亲戚。如果直接去问陈先生何时起程，就显得不礼貌，但如果不问，又怕陈先生赖账。

于是，她考虑再三，想好了说辞后，敲开了陈先生的房门：
"您好！您是陈先生吗?""是啊！您是?"陈先生回答说。"我是
酒店的工作人员。听说您前几天身上不舒服，现在好点了吗?"
"谢谢您的关心，好多了，"陈先生很感激地说。"听说您昨天已
经结账，今天没有走成。这几天，天气不好，是不是飞机取消
了? 您看我们能为您做点什么?"服务员试探地问。"非常感谢!
昨晚结账是因为我的表哥今天要返回，我不想账积得太多，先结
一次也好。大夫说，我的病还需要观察一段时间。""陈先生，您
不要客气，有什么事只管吩咐好了，"服务员弄清了原因，告辞
离去。

这位服务员找客人谈话的目的是要弄清楚客人走还是不走?
如果不走，就弄清楚原因。但这个问题不好开口，弄不好既得罪
客人又得罪经理。她的话说得非常圆滑，先是寒暄一下，然后又
问客人需要什么样的帮助，一副非常关心的表情，使客人深受感
动，不知不觉中就说明了原因。

事情做绝，不留余地，不给别人机会，不宽容别人，处理事
情下狠手都是不理智的行为。无论矛盾有多深，最好都不要说出
"势不两立"之类的话，否则日后万一有合作的机会，一定会左
右为难，尴尬万分。

想要把握分寸，给自己留点余地，需注意以下几个方面。

(1) 话不要说过了头，违背常情常理

事物都有自己存在的道理。说话时，如果违背了常情常理，
就会给别人留下把柄。因此，在谈话时，要记住话不要说过了
头，违背了常情常理。

(2) 话不要说得太绝对

人们考虑问题都喜欢来个相对思考，对于绝对的东西，在心
理上有一种排斥感。比如，你斩钉截铁地说："事实完全就是这
样。"别人在心里会有疑问："难道真的一点也不差?"也许你的
表达是真实的，可是当别人心里老是琢磨"难道一点也不差"的

时候，他对你的话语是不可能赞同的。

　　在谈话时，即便是我们绝对有把握的事，也不要把话说得过于绝对。绝对的东西容易引起他人的挑刺，而且如果对方有意挑刺，还真能挑出刺来。与其给别人一个挑刺的借口，不如把话说得委婉一点。同时，如果不把话说得那么绝对，我们还可以在更为广阔的空间与对方周旋。

　　（3）话要说得圆滑

　　当我们为了某个目的与他人谈话时，话就要说得圆滑一些。话说得太直，会激恼对方，即便是理在己方。说得圆滑一点，能给我们留下回旋的余地，从容地达到我们谈话的目的。

随圆就方，巧妙圆场

在演讲的过程中，有时可能会出现这样几种情况：

第一，演讲中幽默的运用不适当，把握不住听众的注意力，或者是找不到合适的幽默形式，失去吸引听众的力量。

第二，因客观条件发生变化，影响演讲的顺利进行，例如突然停电，服务员打翻了水杯，等等。

第三，听众当中有人有意无意地插嘴，打断正常的讲话。

这三种情况都会使演讲者与听众之间的信息交流受到阻碍，影响演讲者的水平发挥。

其实，只要我们用一两句妙语即可处理这些问题，就不至于造成尴尬的局面，从而使演讲顺利进行。

比如忽然停电了，我就说："看来这家饭店没有按时交付电费。"如果演讲晚点开始或是拖延太久，听众之中已有人坐不住，议论之声越来越大，我就可以说："我们等候太久了，好像听到苍蝇在我们头上嗡嗡作响了。"

对所有细小问题和意外事件，你都可以用一句话解围，"这场面可不好对待，就好像手中拿了一大把衣架，却不知挂在何处。"

幽默运用得不太适当，或是生搬硬套，或是牵强附会，都会造成不利的局面。如果我们对听众心理缺乏全面的了解，幽默也会失败。

一个幽默故事或趣闻经过两次试验，都不能发挥作用，我们就应该放弃它。而当你面对因为应用幽默失败造成的尴尬局面时，对应该学会自我解围。例如说："这个笑话的真正含意恐怕要由警方侦察才能查清。"也许这句话会使自己和听众一起笑起来。也可以这样说："我有个设想，如果大家听了之后笑起来，我就免费赠送五个笑话。"我把这类话称为"救星",因为它可以帮你对付讲台上的困境,而且对生活中的尴尬场面也会有解救的作用。例如:

"你是否觉得我讲得太快了?"

当你看到听众之中有人交头接耳,你可以说:"你们为什么不回家后再进行讨论呢。"

还可以说:"最近一个时期,你们也许会有幸地请到一位优秀的演说人,也可能不幸地碰上了个糟糕的演说人。今天你们可以享受到以上两种待遇,因为我妻子说我又好又坏。"

面对一群不好应付的听众,演讲可真不是件容易的事。特别是在失控的情况下,还可能造成敌视的局面。例如听众中有人问:"是你把他们杀死了吗?"为了扭转这被动难缠的局面,必须用礼貌和友好的态度加以引导,可以用几句妙语消除紧张的情绪。演讲人可以回答:"不是的,在我到的时候,他们已经死了。"

如果有人打断你的讲话,你应设法说几句解围的话。例如可问打断讲话的人:"请问您贵姓?"如果他回答一个古怪的名字,你可以再问:"这是您的真名还是化名?"然后就接着开两句玩笑,尽量使他平静。之所以这样做,是因为多数人宁肯被别人笑一笑,也不愿被人轻视和排斥。

演说家麦克法伦在演讲结束之后,喜欢让听众提出问题。有一回一个人拥到台前,说是要提个问题,实际上他是想发表一番演说,他讲了五分钟还不想收尾。当他滔滔不绝讲完之后,麦克法伦问他:"能不能请你把问题再重复一遍?"这句解围的话使全场哄堂大笑,一件不愉快的事情就这样过去了。

合理结尾，管理印象

在战场中有句俗语：只要看他上场和下场的表演，就可以判定这个演员所有的本领。这句话应用到演说方面来，真是再恰当不过了。无论做什么事，开头和结尾，都是不容易做得好的，而尤其是演说，最重要的最精彩的，还是在结尾的时候。因为最后的字句，虽然已经停止，但仍在听众的耳鼓旋转，使人记忆得最久，即人们常说的"余音绕梁，三日不绝"。可是，初学的人，最不容易注意到这一点。往往一篇演说，总是在开始时打起精神，努力表现着自己的本领，可是说到后面，以为演说将完，听众不大注意了，于是常常虎头蛇尾，失之于平淡，或甚至不能善始善终。这里有一个很好的例子，威尔士亲王在加拿大帝国俱乐部演说的结束语：各位，恐怕我说得太远了，并且关于我自己的话，也说得太多了。但是我今天能和各位说出了自己的地位和责任，真是十分荣幸，我可以向各位担保，我一定尽我的力量去完成重大的责任，不负各位的托付。这样一说，大家都知道演说已经完了，而就此结束也不会使听众感到缥缈。

在演说完毕的时候，听众常会把演说中的要点忘记。可是许多演说者不大注意这一点，以为他所说的一切，听众早已记得明白，其实这是错误的。你把说过的一切，再给听众述说一下。这是最好的归纳总结法。另外，还应当让听众有一种余音绕梁、意犹未尽的感受。假如你的讲话简明生动、切中要害，并且能妙语连珠活泼有趣，结尾又能引人深思，那么广大的听众就会有许多值得回味的感受。

演讲的结尾不一定要让听众笑个不停。有些演讲需要严肃的结尾，有的演讲则需要戏剧性的结尾。采用哪种具体方式为好，完全要取决于演讲的内容，取决于你的要传播的信息的要求，也取决于会议的性质，甚至包括听众的组成情况和演讲的具体时间与地点。

假如你演讲的场合是宴会或冷餐会，或者是在晚会，都可以用几句妙语来结束讲话，当然不要忘了切中主题。运用几句妙语的结尾可以消除听众们一天的疲劳之感，使他们在精神上得到愉悦和放松。

"很荣幸，我是今天最后一个讲话的人，我想我们大家都可以轻松一下了。"

"今晚我们吃了那么多鸡，我想我们都该回窝里去了。"

在结束讲话的时候，不妨试一试激发全体听众发自内心的笑容。用有趣的口吻讲一则故事，或是说两句与主题有关的俏皮话、双关语，或者是幽默的祝愿词，都可能收到良好的结尾效果。

"今晚已一去不复返了，但是不要忘记，您是未来的主人。"

"如果您认为昨天的成就很不错，那么今天就可能无所作为。"

让你的听众们面带微笑和满意之情离开会场，那么你运用幽默力量所传达的观点和信息就会不胫而走，传遍各处，你演讲中的主要内容，就会被更多的人所了解，并且给人们的工作与生活带来积极的影响。

林肯在讲述那尼亚加拉瀑布时所用的结论说：在很久以前，哥伦布发现这块新大陆，当耶稣被钉在十字架上，当摩西率领了以色列人渡过红海，甚至亚当从创世的主手里出来时，一直到今天，那尼亚加拉瀑布一直在这里怒吼。古时候的伟人，像我们一样，他们都会见过这个瀑布，从那久远的年代，一直到如今，这瀑布永远在奔流，从不静止，从不干涸，从不冰冻，从不休息。

无论用什么方法结尾，必须注意下列的要点，使结论自然有力。

- 简洁明快恰到好处。
- 加重演讲语气的力量，使听众深受感动。
- 从结尾中使听众深深地回味你的演说。
- 在紧张的地方中止，使听众觉得依恋不舍。

在演说中，最重要的一点，还是在结束语上。最后的字句，虽然已经停止，但仍在听众的耳中旋转，使人记忆长久！用名人的话及古今中外的格言，都可用来增加演说结尾几句话的力量！

第四章　肢体语言，大有学问

有的时候，运用身体语言进行说话，胜过花费大量口舌进行说话。适当运用肢体语言，能够使你更善于与人说话，起到"此时无声胜有声"的效果。而肢体语言的运用，大有学问在，因此，在本章主要介绍怎样运用得体的肢体语言与他人交流。

抓住对方眼神的信号

运用眼神，可以使说话更为有效。眼睛是人与人说话中最清楚、最正确的信号，因为它是人身体的焦点。人们通常所说的"眼睛是心灵的窗户""她的眼睛会说话""他的眼神不定"，都是说眼睛对人类行为的巨大作用。与对方保持最直接的说话，除了语言之外就是眼神了。在倾听别人说话过程中，一定要运用好自己的眼神。要想使对方知道自己在认真听取对方的讲话，你的眼神与对方的眼神一定要保持好联系。对方讲话时，你最好与他的眼神不断地会合，不要东张西望。随便看其他东西听人讲话，说话人一定会感到不高兴。

眼睛盯着一件东西看，这对有些人来说有点困难。但是，如果你正在努力赢得人们的好感，并且想表示你所说的话很认真，这就显得很重要了。例如，当你走进老板的办公室要求他给你提职时，如果你的眼睛紧盯着他，而不是低着头，那么他会更认真地考虑你的请求。当你在单位陈述你的一份商业计划时，如果你用自信的眼神看着周围的人，那么大家就会更加信任你并认可你的计划。

理解了对方的意思时，要表现出领会的眼神；渴望得到对方的讲解时，要表现出诚恳的眼神；对方说到幽默处，表现出喜悦的眼神；对方出现悲伤时，要表现出同情的眼神。耳朵与大脑是语言的接收器，眼睛则是接收后的反应器。听到别人的信息也置若罔闻、呆若木鸡，谈话的双方就无法说话下去，应该及时接受、及时反应，从而吸引住说话人的注意力。

用眼睛和别人说话，不仅表明你很自信，同时也表示你对别人很尊敬。当你发表演说时，眼睛要注视着对方，语气里要带有更多地强调成分，加入更多的感情色彩。如果你的眼睛看着别处或盯着地板，那就说明你对自己所说的话并不确信，或者你说的可能根本就不是事实。例如，当销售人员的眼睛炯炯有神地向客户介绍产品时，眼神中透射出的热情、真诚和执着，往往比口头说明更能让客户信服。充满热情的眼神，还可以增加客户对产品的信心以及对这场推销活动的好感。

俗话说："一个目光表达了1000多句话。"这句话也同样体现在职场中。在工作中，目光中除了能看出上级与下级、权力与依赖的关系外，还能揭示出更多的东西。

上司说话时，不看着你，这是个坏迹象。他想用不重视来惩罚你，说明他不想评价你。上司从上到下看了你一眼，则表明其优势和支配，还意味着自负。上司久久不眨眼盯着你看，表明他想知道更多情况。上司友好地、坦率地看着你，甚至偶尔眨眨眼睛，则表明他同情你，对你评价比较高或他想鼓励你，甚至准备请求你原谅他的过错。上司用锐利的眼光目不转睛地盯着你，则表明他在显示自己的权力和优势。上司只偶尔看你，并且当他的目光与你相遇时马上躲避。这种情形连续发生几次，表明面对你，这位上司缺乏自信心。

眼睛能作为武器来运用，使人胆怯、恐惧。常见的瞳孔语言为，在表示反感和仇恨时，瞳孔缩小，还露出刺人的目光；相反，睁大眼睛则表示具有同情心和怀有极大的兴趣，还表明赞同和好感。

俗话说："眼睛是心灵的窗户。"一个人的眼神往往最能反映一个人的内心。因此，在与客户说话时，不但要学会从客户的眼神中来了解他们的内心，也要学会利用自己的眼神来表达自己的情意。一方面，与客户说话时，要注意看着对方的眼睛，用眼神来与客户进行交流，显示出对他们的尊重。此外，眼神又要用得恰到好处，既不能死盯着对方，又不能让人感觉到不自在，或者使人觉得你的别有用心。

有人对你说话时，眼睛要注视着他；有人发表意见时，你的身体和脸要正对着他。无论我们和周围的人用什么方式交流，也不管表达的内容是什么，我们肯定会对那些用眼神和我们说话的人给予更多的关注和回应。

用"谎言"来补救言行失误

　　言行失误是生活、交往、工作中常见的一种困境，你虽然可以选择保持沉默，但这不是最好的方式，如果你是个大人物就更糟糕了，所以你应积极寻找适当的措施来补救。用"谎言"来补救虽然不太"光明正大"，但总比尴尬万分地愣在那儿强多了。

　　言行失误几乎每个人都会碰到，聪明的人会巧妙运用各种方法来补救，以下是几种常用的处理方法：

　　（1）言语失误及时改口

　　历史上和现实中许多能说会道的名人，在失言时仍死守自己的城堡，因而惨败的情形不乏其例。比如1976年10月6日，在美国福特总统和卡特共同参加的为总统选举而举办的第二次辩论会上，福特对《纽约时报》记者马克思·佛朗肯关于波兰问题的质问，做了"波兰并未受苏联控制"的回答，并说"苏联强权控制东欧的事实并不存在"。这一发言在辩论会上属明显的失误，当时立即遭到记者反驳。但反驳之初佛朗肯的语气还比较委婉，意图给福特以订正的机会。他说："问这一件事我觉得不好意思，但是您的意思难道在肯定苏联没有把东欧化为其附庸国？也就是说，苏联没有凭军事力量压制东欧各国？"

　　福特如果当时明智，就应该承认自己失言并偃旗息鼓，然而他觉得身为一国总统，面对着全国的电视观众认输，绝非善策，于是继续坚持，一错再错，结果为那次即将到手的当选付出了沉重的代价。刊登这次电视辩论会的所有专栏、社论都纷纷对福特的失策做了报道，他们惊问："他是真正的傻瓜呢？还是像只驴子一样的顽固不化？"福特的失误无疑给了对手卡特一次非常好的机会。

　　高明的辩论家在被对方击中要害时决不强词夺理，他们或点头微笑或轻轻鼓掌。如此一来，观众或听众弄不清他葫芦里藏的什么药。有的从某方面理解，认为这是他们服从真理的良好风范；有的从另一方面理解，又以为这是他们不屑辩解的豁达胸怀。而究竟他们认输与否尚是个未知的谜。这样的辩论家即使要说也能说得很巧，他们会向对方笑道："你讲得好极了！"

相比之下，里根就表现得高明许多。

一次，美国总统里根访问巴西，由于旅途疲乏，年岁又大，在欢迎宴会上，他脱口说道：

"女士们，先生们！今天，我为能访问玻利维亚而感到非常高兴。"

有人低声提醒他说溜了嘴，里根忙改口道：

"很抱歉，我们不久前访问过玻利维亚。"

尽管他并未去玻国。当那些不明就里的人还来不及反应时，他的口误已经淹没在后来滔滔的大论之中了。这种将说错的地点时间加以掩饰的方法，在一定程度上避免了当面丢丑，不失为补救的有效手段。只是，这里需要的是发现及时、改口巧妙的语言技巧，否则要想化解难堪也是困难的。

（2）顾左右而言他

某校某班在一次高考中，数学和外语成绩突出，名列前茅。校长在评功总结会上这样说：

"数学考得好，是老师教得好；外语考得好，是学生基础好。"

在座老师听罢沸沸扬扬，都认为校长的说法显得有失公正。一位教师起身反驳：

"同一个班，师生条件基本相同。相同的条件产生了相同的结果，原是很自然的事，不公平的对待，实在令人费解。原有的基础与尔后的提高，有相互联系，不能设想学生某一学科基础差而能提高得快，也不能设想学生某一学科基础好而不需要良好的教学就能提高。校长对待教师的劳动不一视同仁，将不利于团结，不能调动广大教师的积极性。"

会场有人轻轻鼓掌，然后是一阵静默。而静默似乎比掌声对校长更有压力和挑战意味。校长没有恼怒，反而"嘿嘿"地笑起来，他说：

"大家都看到了吧，李老师能言善辩，真是好口才。很好，很好！言者无罪，言者无罪。"

尽管别人猜不透校长说这话的真实意思，然而却不得不佩服他的应变能力：他为自己铺了台阶，而且下得又快又好。听了上述回答后，无人再就此问题对校长跟踪追击。

既要撤退，就不宜做任何辩解，辩解无异于作茧自缚，结果无法摆脱。

（3）巧妙转换话题

就是错话一经出口，在简单的致歉之后立即转移话题，有意借着错处加以生发，以幽默风趣、机智灵活的话语改变现场上的气氛，使听者随之进入新的情境中去。曾有一个新毕业的大学生去某合资公司求职，一位负责接待的先生递过来名片。大学生神情紧张，匆匆一瞥，脱口说道："藤野先生，您身为日本人，抛家别舍，来华创业，令人佩服。"那人微微一笑："我姓滕，名野七，地道的中国人。"大学生面红耳赤，无地自容，片刻后，神志清醒，诚恳地说道："对不起，您的名字使我想起了鲁迅先生的日本老师——藤野先生。他教给鲁迅许多为人治学的道理，让鲁迅受益终生。希望滕先生日后也能时常指教我。"滕先生面带惊奇，点头微笑，最终录用了他。

（4）将错就错

现实生活中，常常会有因说错话而陷入尴尬困境的情况。这或多或少会给人际交往带来负面的影响。因而错话说出以后如何进行补救就显得尤为重要了。为了使错误能够及时得以补救，创造良好的人际关系和心境，最要紧的是掌握必要的纠错方法。

将错就错是一个很好的办法。这种办法就是在错话出口之后，能巧妙地将错话续接下去，最后达到纠错的目的。其高妙之处在于，能够不动声色地改变说话的情境，使听者不由自主地转移原先的思路，不自觉地顺着我之思维而思维，随着我之话语而调动情感。

某次婚宴上，来宾济济，争向新人祝福。一位先生激动得有点过了头，只见他说道："走过了恋爱的季节，就步入了婚姻的漫漫旅途。感情的世界时常需要润滑。你们现在就好比是一对旧机器……"其实他本想说"新机器"，却脱口说错，令举座哗然。一对新人更是不满之情溢于言表，因为他们都各自离异，自然以为刚才之语隐含讥讽。那位先生的本意是要将一对新人比作新机器，希望他们能少些摩擦，多些谅解。但话既出口，若再改正过来，反为不美。他马上镇定下来，略一思索，不慌不忙地补充一句："已过磨合期。"此言一出，举座称妙。这位先生继而又深情地说道："新郎新娘，祝愿你们永远沐浴在爱的春风里。"大厅内掌声雷动，一对新人早已笑得面若桃花。

这位来宾的将错就错令人叫绝。错话出口，索性顺着错处续接下去，反倒巧妙地改换了语境，使原本尴尬的失语化作了深情的祝福，同时又道出了新人间情感历程的曲折与相知的深厚，颇有些点石成金之妙。

（5）矛头指向"替罪羊"

老王的老同学到家里来聊天，二人在客厅里天南地北地聊着，不知不觉已经到了用晚餐的时间了。老王五岁的小儿子跑了进来，趴在老王的肩膀上咬耳朵。老王聊得正高兴，很不耐烦地训斥儿子："没礼貌！当着客人的面咬什么耳朵？有话快说！"

小儿子顺从地大声说："妈妈叫我告诉你，家里没有菜不要留客人吃饭。"一时之间两个大人都愣住了，多尴尬，怎么解释啊！

老王脑筋一转，伸出手来，在儿子的小脑袋上轻轻打了一下，然后说："小笨蛋！我不是告诉过你？只有在隔壁唠叨讨厌的林妈妈来的时候，才要跑出来说这句话吗？你怎么弄错了?"

（6）借题发挥

素有"东北虎"之称的张作霖虽然出身草莽，却粗中有细，常常急中生智，突施奇招，使本来糟透了的事态转败为胜。

有一次，张作霖出席名流聚会。席上不乏文人墨客和附庸风雅之人，而张作霖则正襟危坐，很少说话。席间，有几位日本浪人突然声称，久闻张大帅文武双全，请即席赏幅字画。张作霖明知这是故意刁难，但在大庭广众之下，"盛情"难却，就满口应允，吩咐笔墨侍候。这时，席上的目光全都集中在张作霖身上，几个日本浪人更是掩饰不住讥讽的笑容，只见张作霖潇洒地踱到桌案前，在满幅宣纸上，大笔挥写了一个"虎"字，左右端详了一下，倒也匀称，然后得意地落款"张作霖手黑"，踌躇满志地掷笔而起。

那几个日本浪人面对题字，一时丈二和尚摸不着头脑，不由得面面相觑。其他在场的人也是莫名其妙，不知何意。

还是机敏的随侍秘书一眼发现出了纰漏，"手墨"（亲手书写的文字）怎么成了"手黑"？他连忙贴近张作霖身边低语："大帅，您写的'墨'字下少了个'土'，'手墨'写成了'手黑'。"张作霖一瞧，不由得一愣，怎么把"墨"写成了"黑"啦？如果当众更正，岂不大煞风景？还要留下笑柄。这时全场一片寂静。

只见张作霖眉梢一动，计上心来，他故意大声呵斥秘书道："我还不晓得'墨'字下面有个'土'？因为这是日本人索取的东西，不能带土，这叫寸土不让!"语音刚落，立即赢得满堂喝彩。

那几个日本浪人这才领悟出意思来，越想越觉得没趣，又不便发作，只好悻悻退场了。

巧妙的语言能为自己的言行失误实行有效地补救，这种化腐朽为神奇的说话方式不能不让人感到由衷佩服。

距离适中是一种交际艺术

人与人之间在面对面的情境中，常因彼此间情感的亲疏不同，而不自觉地保持不同的距离。如果一方企图向对方接近，对方将自觉地后退，仍然维持相当的距离。你可以由此判断，你身边的人对你是否亲近和信任，身边的人之间相互关系如何。

打手机时，肢体语言所包含的信息是最为丰富的。有个短信说得很形象："给上级打电话，声音越讲越小；给下级打电话，声音越讲越大；给情人打电话，声音越讲越远。"旁人从其肢体语言就可以判别电话那头是谁。有的人接电话时下意识地背过身去，是不想让你听见，其实他说的每句话你都能听见。这时，你就要考虑回避，否则你就是不受欢迎的人。

最亲密的友谊和最强烈的憎恨，都是过于亲近的缘故。因此，我们在人际交往中，还需要注意与人保持适当的距离。

保持人与人之间的距离，是一种交际艺术。许多人认为只要不是陌生人，就可以保持一种较为亲近的关系，还有一些人认为，人与人之间还是疏远一些较为妥当，而这些，都不是最佳的相处方法。

人际关系太过亲密，会让人觉得很随便，或认为你缺乏独立生活的能力，凡事都要让别人替你思考，都要与人商量。随后，他们就会认为你是"应声虫"，没有独立的人格与尊严。人际关系太过疏远，又会让人感觉到你的傲慢、离群。有些人还会认为你瞧不起人，不喜欢与他们相处，甚至讨厌他们。

心理学家曾针对人际关系中的亲密与疏远的程度做了一项调查，得出了一个结论：男性之间一般都比较疏远；女性之间喜欢保持亲密关系；异性之间，若有爱慕之意则关系密切，否则一般较为疏远。性格孤僻的人，多与人保持疏远的关系；性格外向的人，多与人保持亲密关系。从社会地位来看，地位高的人之间关系较为疏远，地位低的人关系则较为亲密。

人与人之间，只有保持适当的距离，才会有适当的人际关系，我们在人际交往中，也应时刻注意这个问题。保持适当的距离，真诚地提出自己的意见，彼此会更加欣赏，情谊会更加长久。合理掌握与他人的空间距离，会使我们取得意想不到的交际效果。

在非语言说话中，空间距离可以显示人们相互间的各种不同关系。我们每个人都生活在一个无形的空间范围圈内，这个空间范围圈就是他感到必须与他人保持的间隔范围。它向一个人提供了自由感、安全感和控制感。

在人际交往中，当你无故侵犯或突破另一个人的空间范围圈时，对方就会感到厌烦、不安，甚至引起恼怒。

就一般而言，交往双方的人际关系以及所处情境决定着相互间自我空间的范围。心理学家曾将人际交往中的距离划为四种。

（1）亲密距离

其近范围在约15厘米之内，彼此间可能肌肤相触，耳鬓厮磨，以至相互能感受到对方的体温、气味和气息；其远范围在15~44厘米之间，身体上的接触可能表现为挽臂执手，或促膝谈心，仍体现出亲密友好的人际关系。

这种距离只限于在情感上联系高度密切的人之间使用。在社交场合，大庭广众之前，两个人（尤其是异性）如此贴近，就不太雅观。在同性别的人之间，往往只限于贴心朋友，彼此十分熟识而随和，可以不拘小节，无话不谈。在异性之间，只限于夫妻和恋人之间。

（2）个人距离

其近范围为46~76厘米之间，正好能相互亲切握手，友好交谈；其远范围是76~122厘米。任何朋友和熟人都可以自由地进入这个空间，陌生人进入这个距离会构成对别人的侵犯。

人际交往中，亲密距离与个人距离通常都是在非正式社交情境中使用，是与熟人交往的空间。在正式社交场合则使用社交距离。

(3) 社交距离

这已超出了亲密或熟人的人际关系，而是体现出一种社交性或礼节上的较正式关系。其近范围为1.2~2.1米，一般在工作环境和社交聚会上，人们都保持这种程度的距离；其远范围为2.1~3.7米，表现为一种更加正式的交往关系。公司的经理们常用一个大而宽阔的办公桌，并将来访者的座位放在离桌子一段距离的地方，这样与来访者谈话时就能保持一定的距离。

在社交距离范围内，已经没有直接的身体接触。说话时，也要适当提高声音，需要更充分的目光接触。如果谈话者得不到对方目光的支持，他（她）会有强烈的被忽视、被拒绝的感受。这时，相互间的目光接触已是交谈中不可缺少的感情交流形式了。

(4) 公众距离

这是公开演讲时演说者与听众所保持的距离。其近范围为3.7~7.6米，远范围在7.6米之外。人们完全可以对处于空间的其他人装作没看到，不予交往，因为相互之间未必发生一定联系。

在现实生活中，这些距离范围并不是固定的，尤其是个人距离，是由社会规范和交流者的个性习惯所决定的，也就是说，与人们的种族、年龄、个性、文化、性别、地位和心理素质等有关。因此，在说话中应根据不同的对象选择不同的距离。

耳朵是用来听的

最有价值的人，不一定是最能说的人。老天给我们两只耳朵一个嘴巴，本来就是让我们多听少说的。善于倾听，才是成熟的人最基本的素质。

一位美国女作家曾说："说话的最高境界就是静静地倾听。"的确，倾听所表现出的正是一种宽容、谦逊的人格，也展示了对他人的尊重。一个善于倾听的人，必然是一个对他人充满敬意、知道尊重他人的人。这样的人，也是我们愿意与之交往的人。

当你认真倾听客户的谈话时，客户感觉自己被重视，于是，他们便对你产生了亲切感和信任感，感觉你是他们的朋友。所以，正在洽谈的生意成交了，已经发生的纠纷平息了。倾听成为一种润滑剂，能让财富更快地流入你的口袋。

当你倾听别人的倾诉时，给予他贴心的理解和真诚的疏导，他就能振作精神，重新开始奋斗。我们也将因此获得更多的友谊，更多的亲情，更多的爱情，就能更多地了解人生的酸甜苦辣，更多地积累人生的宝贵经验。每个人的生活经历不同，都有值得总结的成功经验，也有值得吸取的失败教训。我们可以从他人的倾诉中警戒自己的言行，避开前进中的荆棘。

只有善于倾听的人，才会从别人失败的经验中不断地吸取经验，加快趋向成功的步伐。对于这样的人，成功路上的艰辛会减少许多。在倾听的过程中，要取别人所长，补自己所短。

有的人认为自己听见了就是在倾听，那是不准确的，因为倾听不是一般意义上的听。听对方说出来的内容，只是常规意义上的听。有效倾听则是要听出对方说话背后的真心，明白说话人的真正思想才是最重要的。

人与人之间都需要说话、交流、协作、共事。一个人善不善于倾听，不仅体现着他的修养水准，还关系到他能否与其他人建立起一种正常和谐的人际关系。

有人说，办公室就是功利社会的缩影。此话虽有失偏颇，但也有一定的道理。

那些没完没了、絮絮叨叨地大说毫无意义的闲话的同事，的确惹人反感，让人头痛。彼此都是低头不见抬头见的同事，所以即使他那无聊的闲话让你痛苦，你也应该忍一下，难得糊涂一把，必要时还应该找机会赞美他几句。

办公室里，向别人倾诉、要别人倾听的，并不全是那种絮絮叨叨的同事。其中，还有和我们关系很好，把我们当作朋友的同事。我们的倾听，能使他们心中充满阳光和爱意，从而有益于双方的友谊。

倾听可以帮助他人减轻心理压力。相信大家都有这样的体会，每当我们遭遇逆境时，总是会有找个朋友一吐为快的想法。科学研究证明，对于焦虑、失望、难过等心情，认真、有效的倾听往往能够在不经意间起到有效缓解的作用。

美国内战初期，当时的总统林肯曾陷入危机四伏的境地，他的心情自然沉重无比。于是，他找来了他的老朋友，向他倾诉自己的心事。当老朋友离开时，林肯的心情已经舒畅多了。因此，当有朋友来找我们倾诉时，我们一定不要拒绝，否则我们很可能会与好友产生隔阂。相反，如果我们能够认真地倾听朋友的心事，并尽力帮助他们，那么彼此之间的感情无疑会更上一层楼。

那么，倾听是不是就意味着坐在那里听对方说个不停呢？答案无疑是否定的。俗话说："会说的不如会听的。"这里的"会"字，就表示倾听也有技巧。

听人说话时，必须全神贯注、专心致志。只有这样，我们才能够紧跟对方的思路，发现对方的真实想法，从而在交流时做到有的放矢。同样，心不在焉、东张西望的倾听不仅是对他人的不尊重，而且很容易使我们漏掉某些内容，从而造成双方说话障碍，甚至引起他人反感，影响双方的交往。

　　通常情况下，即使我们对他人的话题不感兴趣，我们也应该出于礼貌洗耳恭听，尤其是对方谈兴正浓时，我们更要耐心地听下去。当然了，如果对方的话题太过无聊，甚至令人难以忍受，我们也可以对其做出暗示。对方如果识趣，也一定会中止话题或改变话题。需要注意的是，在任何情况下，我们都不能流露出厌烦的神色，以免影响双方交往。即使我们不想与对方交往，但这样做起码对我们没有害处。

　　无论对方说得对错与否，我们都应该在对方说完之后再发表自己的意见，绝对不可以中途插嘴，一吐为快。当对方因为思路中断或知识有限无法继续说下去时，我们还应该适时提醒，以免对方尴尬。与此相反，随意打断他人、任意发表意见或者嘲笑对方都是极为失礼的表现，其结果也只能是引人反感、被人讨厌。

触摸表达要得体

触摸是一种无声的语言，是非语言说话交流的特殊形式，是人际说话中最亲密的动作，包括抚摸、握手、依偎、搀扶、拥抱等。触摸能增进人们的相互关系。它是用以补充语言说话及向他人表示关心、体贴、理解、安慰和支持等情感的一种重要方式。

触摸行为也是一种说话方式，能起到比言语更为有效的效果。

触摸也应得当。它是一种表达非常个体化的行为，其影响因素有性别、社会文化背景、触摸的形式、双方的关系及不同国家民族的礼节规范和交往习惯等。比如，在西方社会中，熟人相见亲吻拥抱是习以为常的事情，但在东方社会中，这种行为方式常被视为不端或有伤风化。因此，在运用触摸时，应保持敏感与谨慎，尊重习俗，注意分寸，尤其是年龄相近的异性间，应避免误会。

身体动作是最容易被觉察到的一种肢体语言，因为身体动作更容易引起人们的注意。比如，一些聋哑人通过自己的手势语言，实现了与人说话。当你躲闪某个事物的时候，可能是感到害怕，或是厌恶；当你拥抱他人的时候，表示你对他人的喜爱、同情或是感激；当你不由自主地拍拍自己的脑袋的时候，往往代表着你有某种自责，或是懊悔情绪。

触摸是人际说话中最有力的方式之一，因为每个人都有被触摸的需要。心理学的研究表明，人们不仅对舒适的触摸感到愉快，而且会对触摸对象产生情感依恋。如果你谈过恋爱，你会发现，你和恋人关系的进步往往取决于身体接触的一瞬间，哪怕是牵手的一瞬间，你们的情感也会发生质的变化。

每一个个体都有被触摸的需要，这是一种本能。婴儿接触温暖、松软物体感到愉快，喜欢拥抱、抚摸。比如，触摸孩子的头、手等能满足他们对爱的需求，可以转移其注意力，能给他们安全感、信任感，消除他们的恐惧心理。

触摸行为，能够传递出各种不同的信息。

（1）传递情绪信息

心理学专家研究发现，触摸能够传送五种不同的情绪：漠不关心、母亲般的照顾、害怕、生气和闹着玩。另一项研究发现，大部分的人在向另一个人致意和说"再见"时，都使用触摸，而长久分别时的触摸（如握手、拥抱等）更为强烈些，使分别更富于情感。一个人触摸另一个人的肩膀，意思就是："不要感觉这个讨论是一种威胁"，或者可能是："这真的很重要"。

（2）传递地位信息

一般来说，主动触摸对方的人往往是地位较高的人，而且两人之间没有障碍和矛盾。所以，在日常交流中，大多是教授、老板、大人主动触摸学生、雇员、小孩。通常，地位低的人往往希望得到地位高的人的触摸。具有支配性个性的人或者企图显示这种支配性的人，往往主动采取触摸行为。

第五章　幽默是说话的调味剂

　　我们什么时候看到过富有幽默感的人在一场对话中被动过？

　　无论是身处什么样的氛围之中，他们都能以自己高超的幽默技巧腾挪闪打、游刃有余。他们无疑都是具有魅力的人。在与他人交谈时，幽默的情怀无疑就像湿润的细雨，可以冲淡紧张的气氛，缓解内心的焦虑，缩短彼此间的距离，是胸襟豁达的表现，即使在不愉快中也能沁人心脾、破除尴尬。

幽默语言是一种处世哲学

音乐家帕格尼尼对于车夫的漫天要价，没有义愤填膺，断然拒绝，而是先同意付款，然后提出了一个令车夫无法做到的条件：用一个轮子把他送到剧院。这便委婉地赶到了反击车夫的作用，而且幽默的语言也让车夫欣然地降价，这比起动口动手的效果要好得多。

与幽默相联系的是智慧。在说话中，要善于使用幽默的技巧，需要具有一定的智慧。对于一个才疏学浅、举止轻浮、孤陋寡闻的人来说，是很难生出幽默感来的。具体来说，产生幽默的条件至少应包括以下几个方面：广博的知识和社会经验；敏锐的洞察力和想象力；高尚优雅的风度和镇定自信、乐观轻松的情绪；良好的文化素养和语言表达能力。

要使自己的思维超乎常理，其智慧就在于随机应变。这一方面有赖于思维的敏捷度，而掌握恰当的幽默方式也必不可少。

幽默是运用智慧、聪明与种种搞笑的技巧，使人发笑、惊异或啼笑皆非，并从中受到教育。幽默不仅是智慧的迸发、善良的表达，更是一种胸怀、一种境界。幽默是人们适应环境的工具，是人类面临困境时减轻精神和心理压力的方法之一。

生活中，我们常常对发生在身边的幽默一笑了之，来不及感悟其中的人生哲学，又匆匆将它们忘掉。可见，生活中的每个人都应当学会幽默。多一点幽默感，少一点气急败坏、少一点偏执极端、少一点你死我活。

幽默可以淡化人的消极情绪，消除沮丧与痛苦。具有幽默感的人，生活充满情趣。许多看来令人痛苦烦恼之事，他们却应付得轻松自如。用幽默来处理烦恼与矛盾，会使人感到和谐愉快，相融友好。

　　幽默不是油腔滑调，也非嘲笑或讽刺。正如有位名人所说："浮躁难以幽默，装腔作势难以幽默，钻牛角尖难以幽默，捉襟见肘难以幽默，迟钝笨拙难以幽默。只有从容、平等待人、超脱、游刃有余，才能幽默。"

　　幽默是一种智慧的表现，是一种处世哲学。它必须建立在丰富知识的基础上。一个人只有有审时度势的能力，广博的知识，才能做到谈资丰富，妙言成趣，从而做出恰当的比喻。要培养幽默感必须广泛涉猎，充实自我，不断从浩如烟海的书籍中收集幽默的浪花，从名人趣事的精华中撷取幽默的宝石。

　　要善于体谅他人，要使自己学会幽默，就要学会雍容大度，克服斤斤计较，同时还要乐观。乐观与幽默是亲密的朋友，生活中如果多一点趣味和轻松，多一点笑容和游戏，多一份乐观与幽默，那么就没有克服不了的困难，也不会出现整天愁眉苦脸，忧心忡忡的痛苦者。

　　培养深刻的洞察力，提高观察事物的能力，培养机智、敏捷的能力，是提高幽默的一个重要方面。只有迅速地捕捉事物的本质，以恰当的比喻，诙谐的语言，才能使人们产生轻松的感觉。当然在幽默的同时，还应注意，重大的原则总是不能马虎，不同问题要不同对待，在处理问题时要具有灵活性，做到幽默而不俗套。

　　说话直率往往是豪爽的表现，可有时难免遇到不便直说的情况。在这种情况下，如果直言直语，可能影响到人际关系，给自己添麻烦，而且会伤害到别人。为避免不愉快的事情发生，在某些场合说话还是要讲究一点技巧，即委婉含蓄地表达自己的观点。

　　用委婉含蓄的语言表达自己的想法更容易被别人接受，也更能表现出你对别人的尊敬之意，从而能够更好交流。

　　一个记者在一次矿难事故的报道中这样写道："老天爷看到这副惨状，他落泪了。"当然老天爷是不存在的，他是传统观念里老百姓虚构的最高的神，可现在连虚构中的神都落泪了，可见煤矿事故的悲惨。如果记者直白地用所有的词语来描述现场的惨状，不一定会引起人们这么高的关注和同情。但是，记者借用上帝委婉地表达了自己的感情，起到了很好的诱发作用，更能引起人们的同情。

含蓄的幽默能有效地减少我们说话的"摩擦系数"，打开局面，拉近距离，活跃气氛，增进了解，说话思想，产生共鸣。

有个人到一家饭店和朋友用餐，他点了一只老鳖。菜端上来后，夹菜时却发现盘中的老鳖少了一条腿，他们觉得这只老鳖肯定不新鲜了。于是就把服务员叫来，服务员无法解释，只好找来了老板。

老板看过后面有难色。

这位顾客说："老板，据我了解老鳖是一种残忍的动物。难道我点的老鳖是因为和它的同伴打架而被咬掉了一只腿？"

老板听后笑了笑，说道："没错！我猜也是这个原因。"

顾客巧妙地说："那么，就请给我调换一只打了胜仗的老鳖吧！"

老板欣然地给这位顾客调换了一只"打了胜仗的老鳖"。

顾客用了幽默的方式委婉地提出了自己的想法。这种方式没有取笑他人，没有批评他人，也没有伤及他人的自尊，既维护了饭店的声誉，又维护了自己的利益，老板当然会很爽快地答应他的要求。

其实，很多时候委婉地表达，不仅化解别人的难堪，也会为自己解决实际问题。

智慧是幽默的父亲，乐观是幽默的母亲。幽默是智慧与乐观结合后生的儿子。

现代生活压力越来越大，欢乐似乎越来越少。然而这并不是人们对欢乐的渴求减少了，相反，人们越来越对于欢乐表现出饥渴。人们需要幽默，以便活得更轻松更愉快些。幽默不仅要使人发笑，还要有一定意味。

1944 年 3 月 25 日，富兰克林·罗斯福第四次连任美国总统。《先锋论坛》报的一位记者采访这位第 32 任总统，就他连任总统之事问他有何感想。罗斯福笑而不答，请记者吃一片三明治。记者觉得这是殊荣，很快就吃下去了。罗斯福请他再吃一片，记者觉得这是总统的恩赐，也就把它吃了。罗斯福又请他吃第三片，记者受宠若惊，虽然肚子已不需要了，但他还是硬着头皮吃下去了。罗斯福微笑着说："现在已经不用回答您的提问了，因为您已经有了亲身的感受。"

幽默是一种智慧的体现。一个人只有广博的知识，深邃的见识，才能做到谈资丰富，妙言如珠。

真正的幽默，应该是机智百变，妙趣横生，让人在发笑之余忍不住琢磨，并且越琢磨越有味道，有茅塞顿开般的启悟。反之，就降格为插科打诨了，那种逗乐也不过如同伸手到人腋下。

幽默是一种风度

做人要力避树敌，但一个有才能的人是避免不了有或多或少的反对者。正所谓"木秀于林，风必摧之"。如何面对反对者充满敌意的进攻？

有一次，温斯顿·丘吉尔的政治对手阿斯特夫人对他说："温斯顿，如果你是我丈夫，我会把毒药放进你的咖啡里。"

丘吉尔哈哈一笑之后，严肃而又认真地盯着对方的眼睛说："夫人，如果我是你的丈夫，我就会毫不犹豫地把那杯咖啡喝下去。"

阿斯特夫人的进攻是如此咄咄逼人，丘吉尔若不回击未免显出自己的软弱，而回击不慎却可能导致一场毫无水准的"泼妇骂街"。丘吉尔毕竟是丘吉尔，一记顺水推舟的幽默重拳，打得飞扬跋扈的阿斯特夫人满地找牙却无从回手！

民主党候选人约翰·亚当斯在竞选美国总统时，遭到共和党污蔑，说他曾派其竞选伙伴平克尼将军到英国去挑选四个美女做情妇，两个给平克尼，两个留给自己。约翰·亚当斯听后哈哈大笑，马上回击："假如这是真的，那平克尼将军肯定是瞒着我，全都独吞了！"

约翰·亚当斯最后当选，成为美国历史上的第二任总统。亚当斯的胜利当然不应全归功于幽默，但却不能否认幽默魅力的功用。

几乎人人都有遭受冷箭伤害、谣言中伤的经历。放冷箭、造谣言的成本极低，杀伤力却极大。加上"好事不出门，坏事传千里"的传播学原理，一旦处理不当，便会对被诋毁者造成极大的不利局面。试想一下，如果亚当斯听到攻击之后气急败坏、暴跳如雷、脸红脖粗，或辱骂共和党的卑鄙中伤，或对天发誓："若有此等丑闻，天打雷劈!"这样地抓狂，不仅有失一个总统候选人的风度与理智，也有可能陷入无聊无趣又无休止的辩论泥潭之中——何况真理是越辩越明还是越描越"黑"都有待商榷。

在冷箭的包围中、谣言的漩涡里，如何从容脱身，实在是一门大学问。置身此类局面下的人，不妨运用幽默的武器，以四两拨千斤的姿态，或许可以潇洒地把对方打个四脚朝天。

值得注意的是，幽默的用心是爱，而不是恨。林语堂先生说过："幽默之同情，这是幽默与嘲讽之所以不同，而尤其是我热心提倡幽默而不提倡嘲讽之缘故。幽默绝不是板起面孔来专门挑剔人家，专门说俏皮、奚落、挖苦、刻薄人家的话。"

下面，让我们再看一则故事——

有一次，诗人马雅可夫斯基在大会上演讲，他的演讲尖锐、幽默，锋芒毕露，妙趣横生。忽然有人喊道："您讲的笑话我不懂!""您莫非是长颈鹿!"马雅可夫斯基感叹道，"只有长颈鹿才可能星期一浸湿了脚，到星期六才能感觉到呢!"

"我应当提醒你，马雅可夫斯基同志，"一个矮肥子挤到主席台上嚷道，"拿破仑有一句名言：'从伟大到可笑，只有一步之差'!"——"不错，从伟大到可笑，只有一步之差。"马雅可夫斯基边说边用手指着自己和那个人。

马雅可夫斯基接着开始回答台下递上来的条子上的问题：

"马雅可夫斯基，您今天晚上得了多少钱?"——"这与您有何相干? 您反正是分文不掏的，我还不打算与任何人分哪!"

"您的诗太骇人听闻了，这些诗是短命的，明天就会完蛋，您本人也会被忘却，您不会成为不朽的人。"——"请您过一千年再来，到那时我们再谈吧!"

"你说应当把沾满'尘土'的传统和习惯从自己身上洗掉，那么您既然需要洗脸，这就是说，您也是肮脏的了。"——"那么您不洗脸，您就自以为是干净的吗?"

"马雅可夫斯基，您为什么手上戴戒指? 这对您很不合适。"——"照您说,我不应该戴在手上,而应该戴在鼻子上喽!"

"马雅可夫斯基,您的诗不能使人沸腾,不能使人燃烧,不能感染人。"——"我的诗不是大海,不是火炉,不是鼠疫。"

马雅可夫斯基在别人的攻击与诋毁之下,丝毫不乱阵脚,举起幽默的宝剑将那些四面八方的冷箭干净利落地斩断。

这就是幽默的力量。它能让一个人面对谩骂、诋毁与侮辱时,毫发不损地保全自己。

我们什么时候看到过富有幽默感的人交流或论辩中被动过?即使是身处完全不容理性讲理的险恶境地,他们也能以自己高超的幽默散打腾挪闪躲、游刃有余。

风趣幽默促进交流

如果说生活中离不开盐的话，那么说话中也就离不开幽默。有了它，单调乏味的说话有时也会变得趣味横生，具有神奇的魅力。

生活中没有一个人不喜欢风趣幽默的语言。在中国的传统文艺晚会上，相声小品之所以一直成为最受欢迎的节目之一，就在于它的表现形式离不开幽默。那幽默的语言强烈地感染观众的心，幽默的话能抓住听者的心，使对方平心静气，也可以使一些深刻的思想表达得更加生动和形象。

作家普里兹文说："生活中没有哲学还可以应付过去，但是没有幽默则只剩下愚蠢的人才能生存。"幽默是我们精神生活中不可缺少的重要元素。幽默可以使人有一个愉快的心情，可以活跃说话的氛围，使我们说话得更加顺畅。如果生活中没有幽默，那么就没有良好的说话，如果没有和谐的说话，那么这个社会将很难想象，到处将充满争吵，矛盾将不可调和。

幽默的语言就如润滑剂，可以有效地降低我们在说话中产生的摩擦，从而化解冲突和矛盾，从容地消除说话中的不利因素，使我们的人际关系变得和谐。

一个幽默的人能使枯燥的会议变得妙趣横生，能使沉闷的聚会变得轻松愉快，能使上司严肃的面孔松弛下来，能使拘谨的下属缓和紧张的心情，能使陷入僵局的谈判很快达成共识。有时适当地开个玩笑，会使生活更加的色彩斑斓。幽默是生活中一道快乐的风景线，会让我们在人际交往中更轻松愉快。

生活中离不开幽默，幽默使人轻松愉快，增添生活情趣。幽默不仅可以给人们增添无限快乐，还可以帮自己走出尴尬的境地，使气氛更加融洽和谐。

　　第二次世界大战时期，英国为了请求美国共同抗击德国并给予经济援助。英国首相丘吉尔便到华盛顿会见美国总统罗斯福，罗斯福热情地接待了他，并安排他住在白宫。

　　在会见期间的一个早晨，丘吉尔刚洗完澡，赤身裸体地想去穿衣服，却意外地碰见了罗斯福。这时，双方都很尴尬，然而丘吉尔却以一句风趣而又语带双关的话，不仅解除了尴尬，而且还顺利获得了美国的军事援助。丘吉尔说："总统先生，大不列颠的首相在您面前是没有什么需要隐瞒的。"

　　在这样一个令人尴尬的场合，丘吉尔恰当的幽默使气氛顿时变得轻松起来，不仅维护了彼此的面子，还拉近了双方的距离。幽默是睿智的表现，它是一个人个性、风度、记忆、思想、素质的体现。如果让幽默走进我们生活的各处，也能收到意想不到的效果。

　　在人际交往中，机智风趣、谈吐幽默的人往往会拥有更多的朋友，我们谁都不愿动辄与人争吵或者与郁郁寡欢、言语乏味的人交往。幽默可以将烦恼变为欢畅，使痛苦变成愉快，将尴尬转为融洽，并牢牢地吸引住对方。

　　在日常的生活中，说话的双方难免会闹点小摩擦，吵几句嘴，发生一点小误会。如果我们斤斤计较，因为一点小事就不欢而散，不仅解决不了问题，还会扩大矛盾，增加隔阂，伤害感情。假如能运用一点幽默，结果就会大相径庭。幽默能消除陌生人之间下意识的敌意，拉近彼此的心理距离。幽默能化解尴尬、熄灭一触即发的怒火，使关系和谐。无论是谁都愿意和一个有幽默感的人相处，而不愿和一个整天板着脸毫无趣味的人相处。

　　幽默使人与人之间的交往融洽，让尴尬中神经紧绷的人瞬间轻松，让即将发怒的人一笑释怀。幽默缩短了人与人之间的心理距离。

　　获取幽默语言的途径很多。首先用"趣味思维方式"捕捉生活中的喜剧因素。"趣味思维"是一种"错位思维"，不按照普通人的思路想，而是"岔"到有趣的一面去。其次要在瞬息构思上下功夫，掌握必要技巧。幽默风趣是一种"快语艺术"，它突破惯性思维，遵循反常原则，想得快，说得快，触景即发，涉事成趣，出人意料之外，又在情理之中。

如有位将军问一位战士："马克思是哪国人?"战士想了一会儿说："法国人。"将军说："哦，马克思搬家了。"对于这常识性问题都答不出来，将军当然不快，但这一"岔"，构成了幽默，其实也包含了对战士的批评教育。

再次要注意灵活运用修辞手法。极度的夸张、反常的妙喻、顺手拈来的借代、含蓄的反语，以及对比、拟人、移就、拈连、对偶等修辞方法都能构成幽默。

最后要注意搜集素材。我们的生活丰富多彩，提供了许多有趣的素材，这些素材无意识地进入我们记忆仓库的也很多。我们如果做个"有心人"，就会使自己的语言材料丰富起来。

邓丽君有一支歌是这样唱的：

不用瞪眼，不用嘴翘，常发脾气不好；不要叹气，不要皱眉，听我欢声笑语；有一句话，面带笑容，它能消除烦恼；管它失恋，管它挫折，也要面带微笑。且看我快快乐乐做鬼脸，且听我嘻嘻哈哈说笑话；情也好，那财也好，其实没有什么大不了。说一说，笑一笑，心中就没烦恼。

确实这样，有时欢声笑语了，就轻松了，就快乐了。

读初中时，有一次全班同学一起登山，到达山顶后，一女生面对着山光水色，忍不住纵情大喊：祖国啊，我的母亲!

这时，只见一位暗恋她很久的男生走到她后面，也学着她的样子，放声喊道：祖国啊，我的丈母娘!

全班同学一下子惊呆了，随即爆发出一阵阵大笑。

进了高中，有许多同学开始公开地恋爱了。有一位矮个男生喜欢上了一个高个女生，遭到多次拒绝后，心里气愤不过，便写了一张纸条托我转交给女生，以示断绝关系。我背地里偷偷地拆开纸条，想看看写的什么，竟发现上面有这样一个小故事：

　　长颈鹿嫁给了猴子，一年后长颈鹿提出离婚：我再也不要过这种上蹿下跳的日子了！

　　猴子大怒：离就离！谁见过亲个嘴还得爬树的！

　　生活中有了笑声，能增添许多意想不到的乐趣。

　　一次去市场买菜，准备聚餐，一个韩国朋友买了生菜，要2块4，他把身上所有的零钱都给了小贩，还缺一毛钱，所以他对小贩说："我的毛，都给你了，所以没有毛了。"

　　小贩哑然，半天才回答："你的毛我不要了。"

　　还有一次，乘飞机出差，在登机中，一位空姐在机门口迎客，这时上来一位帅哥。空姐说："欢迎您登机，请问您是什么座？"

　　帅哥："我是天蝎座，你呢！"

　　空姐（一脸害羞状）："真的嘛，好巧噢，我也是天蝎座耶……"

　　后面排队的乘客立时晕倒。

　　在生活中，这样的笑声很多，正是由于有了这些忍俊不禁的笑声，我们的生活才多姿多彩，趣味横生。

巧用幽默，化解矛盾

一位画家大病新愈，消息传到朋友某作家那里。作家连忙邮了一件礼品给画家，以示关心与祝福。画家打开裹了一层又一层纸的礼品，最终露出礼品的真面目：一块普通平凡的石头。在这块石头上，刻着一行字："听到您身体康复的消息，我心头的石头终于落了下来！"画家"哈哈"大笑，将这块普通平凡的石头视若珍宝。

幽默，其实就是增进友谊的强力黏合剂。

一般情况下，两个要好的朋友善意地捉弄对方的方式较为常见。比如朋友弄了个不伦不类的发型，你可以说："妙哉，此头誉满全球，对外出口．实行三包，欢迎订购。"下面是一段朋友间的幽默对话。

一个男人对一个刚刚相遇的朋友说："我结婚了。"

"那我得祝贺你终于找到了爱的归宿。"

"可是又离婚了。"

"那我就更要祝贺你了，你又重新拥有了一片森林。"

朋友间往往无话不谈，因此能够产生幽默的话题也很多。朋友错把黄鹤楼说成在湖南，你可说："不，在越南！"朋友之间的交谈，有时候会用说大话的方式进行，这种方式也能产生很好的幽默效果。

有两位朋友闲着没事互吹自己的祖先。

一个说："我的家世可以远溯到英格兰的约翰国王。"

"抱歉，"另一个表示歉意说，"我的家谱在大洪水中因来不及搬上诺亚方舟而被冲走了。"

说完之后，两朋友拊掌大笑。

人世间，从来都是锦上添花的多，雪中送炭的少。殊不知锦上的花已经够多的了，多你送的不多，少你送的不少；而雪中送炭却是如此宝贵，哪怕一丁点儿也够人温暖一时，铭记一生。

雪中送炭并非一定要以物质的形式，有时一句安慰的话，甚至一个鼓励的眼神，就可以让人身处寒冬却温暖无比。

我们以安慰病人为例。生病的人最需要安慰，安慰病人也确实有些讲究。说些善意的祝愿："好好休息吧，你不久一定会康复的！"或直接询问病人的详细病状和调治方法，都不能算真正的安慰。那么，怎样才能给病人很好的安慰呢？

某人因工作劳累生了病，卧床不起，他的朋友说："你多么幸运啊，唯愿我也生点病，好让我也能安静地躺在床上休息几天。"类似这种幽默的语言安慰病人的方法，往往会取得良好的效果。

有人去探望一年中因旧病频频复发而第五次住院的老朋友，以自己战胜病魔的经过，作风趣的现身说法：

"这家监狱（医院）我非常熟悉，因为我曾经是这里的'老犯人'，被'关押'在此总共12个月，对这里的各种'监规'了如指掌。我'沉着应战'，毫不气馁。有时，我自己提着输液瓶上厕所，被病友称作是'苏三起解'；有时三五天不吃饭，被医生称作为'绝食抗议'；有时接连几天睡不着觉，就干脆在床上'静坐示威'。300多个日日夜夜，我就这样'七斗八斗'斗过来了。如今我不是已经'刑满释放'了嘛！你尽管是'五进宫'，只要像我这样'不断斗争'，就一定会大获全胜！"

这番话说得老朋友和同室病人都乐了，大家的心情也都轻松起来，老朋友的病也似乎感觉轻了几分。看来，探病时的交谈十分需要幽默，因为被病魔缠身的人格外需要欢快的笑声。

有天早晨，海斯因屋顶漏的水滴在他脸上而急忙下床，踩到地上才发现地毯全浸在水里。房东叫他赶紧去租一台抽水机。海斯冲下楼，准备开车，车子的四个轮胎不知怎的全都没气了。他再跑回楼上打电话，竟遭雷击，差点一命呜呼。等他醒来，再度下楼，车子竟被人偷走了。他知道车子轮胎没气、汽油不够跑不远，就和朋友一起找，总算找到了。傍晚，他穿好礼服准备出门赴宴，木门因浸水膨胀而卡牢，只好大呼小叫，直到有人赶来将门踢开才得以脱困，当他坐进车子，开了不足三里竟遭遇了车祸，于是被人送进医院。

海斯的朋友赶去医院看望他。在听了海斯极度生气的牢骚后，朋友才明白海斯不幸的来龙去脉。朋友笑着说："看来似乎是上帝想在今天整死你，但是却一再失手。你真幸运！"

短短一句话，说得海斯极度兴奋、得意而自豪！

另外，对待朋友的失误，如果用幽默来处理是非，往往会获得更好的效果。如果你用尖刻的指责对待朋友，就可能引起更坏的局面。那位朋友会失去信心，而你会失去对他的信任，也就得不到他的更好合作。反过来，如果你用幽默的语言化解问题，反而可以打开相互了解的渠道。

所以，当对方处理事情出了问题，你就对他笑笑吧。这样，不仅会让你以轻松的心态解决问题，而且能让朋友之间更加和谐相处。

恰到好处的幽默

如果你在餐厅点了一杯啤酒，却赫然发现啤酒中有一只苍蝇，你会怎么办？在你回答之前，让我们看看别人是怎么办的。英国人会以绅士的态度吩咐侍者："请换一杯啤酒，谢谢！"西班牙人不去喝它，留下钞票后不声不响地离开餐厅。日本人令侍者去叫餐厅经理来训斥一番："你们就是这样做生意的吗？"沙特阿拉伯人则会把侍者叫来，把啤酒递给他，然后说："我请你喝杯啤酒。"德国人会拍下照片，并将苍蝇委托权威机构做出细菌化验，以决定是否将餐馆主人告上法庭。美国人则会向侍者说："以后请将啤酒和苍蝇分别置放，由喜欢苍蝇的客人自行将苍蝇放进啤酒里，你觉得怎么样？"美国人的这种处理方式即幽默，又能达到让人接受的目的。

一位顾客在某餐馆就餐。他发现服务员送来的一盘鸡居然缺了两只大腿。他马上问道："上帝！这只鸡连腿也没有，怎么会跑到这儿来呢？"

一位车技不高的小伙子，骑单车时见前边有个过马路的人，连声喊道："别动！别动！"

那人站住了，但还是被他撞倒了。

小伙子扶起不幸的人，连连道歉。那人却幽默地说："原来你刚才叫我别动是为了瞄准呀！"

幽默并不是回避、无视生活中出现的矛盾，而是以幽默的方式展示一种温和的批评。设身处地地想想，在餐厅点的啤酒里有苍蝇，要的鸡全是骨头，走路无辜被骑车人撞倒，你还有心思开个玩笑吗？

这修养，不知要多少年的火候才能修炼出来。由于有了幽默、洒脱的态度，生活中的许多尖锐的矛盾，并不需要大动干戈就能得到解决。

男女朝夕相处，天天锅碗瓢盆，始终举案齐眉、相敬如宾反而是一种不正常的现象，有人戏称之为"冷暴力"。小吵小闹有时反会拉近夫妻间的距离，同时也能使内心的不满得以宣泄，如果再佐之以幽默、机智的调侃，无疑使夫妻双方得到一次心灵的净化，保证了家庭生活的正常运行，请看下面这几对夫妻的幽默故事。

——驾车外出途中，一对夫妻吵了一架，谁都不愿意先开口说话。最后丈夫望着不说话的妻子，指着远处一头驴子说："你不说话，难道和它是亲戚关系吗？"妻子答道："是的，夫妻关系。"

丈夫本来想把不会说话的驴子和不愿说话的妻子拉扯到一起，既调侃了妻子，又打破沉默的气氛。但想不到妻子更加厉害，一句妙语把丈夫的话挡了回去，玩了一个更大的幽默。这样的聪明幽默的夫妻，即使吵架也不会吵得打架上吊。

妻子临睡前的絮絮叨叨总是令老王十分不快。一天夜里，妻子又絮叨了一阵后，又说："家里的窗门都关上了吗？"老王回答："老婆子，除了你的话匣子外，该关的都关了。"

以上两则故事中的夫妻幽默均恰到好处地表达了自己怨而不怒的情绪。有丈夫对妻子缺点的讽刺，但其幽默的答辩均不至于使对方恼羞成怒。如妻子用夫妻关系回敬丈夫也是一头驴，丈夫用巧言指责妻子絮叨，这些幽默的话语听上去自然天成，又诙谐有趣。这些矛盾同样有可能发生在我们每一个家庭之中，有时却往往因为两三句出言不逊的气话而使矛盾激化。

掩饰过错不如幽默自嘲

如果说幽默是人头顶上的王冠，那么自嘲就是王冠上镶嵌的明珠。

自嘲也叫自我解嘲，顾名思义就是自己嘲讽自己，自己调侃自己，是主动用针扎破自身气鼓鼓的情绪气球。我们每个人都难免会遇到一些难看的、痛苦的事，如果不知道怎样调节情绪，沉着应对，就容易陷入窘迫的境地，进而让情绪失控方寸大乱。这时，如果采取恰当的自嘲，不但能让自己在心理上得到安慰，同时还能让别人对你有一个新的认识。

美国一位身材肥胖的女士曾经这样自我解嘲："有一次我穿上白色的泳装在大海里游泳，结果引来了俄罗斯的轰炸机，以为发现了美国的军舰。"引得听众哈哈大笑。这种自揭其短、自废武功的话语，使得大家根本就不会认为她的胖是丑，都将注意力集中在她的风趣上。结果，肥胖不再是她的劣势，反而成为她的特点，使她在社交中游刃有余。

自嘲是一个人心境平和的表现。它能制造宽松和谐的交谈气氛，能使自己活得轻松洒脱，使人感到你的可爱和人情味，从而改变对你的看法。

二战期间，美、英、苏三国首脑在德黑兰会谈，气氛非常紧张。丘吉尔是个不拘小节的人。一天开会时，赫鲁晓夫注意到英国外交大臣艾登悄悄递给丘吉尔一张字条，丘吉尔匆匆一瞥，神秘地说："老鹰不会飞出窝的！"并当即将字条放在烟斗上烧了。多年后，赫鲁晓夫访问英国时，好奇地问起了艾登当时究竟写了什么，艾登哈哈大笑，"我当时写的字条说：你的裤裆纽扣没扣上。"

在日常生活中，难免会有失礼或难堪的时候，如不知怎样调节情绪，沉着应付，就会陷入窘迫的境地。这时，如采取适当的"自嘲"方法，不但能使自己在心理上得到安慰，而且还能使别人对你有一个新的认识。

自嘲，貌似糊涂，实则是人生深厚精神底蕴的外在折射。它产生于对人生哲理高度的深刻体察，是既看到自己的不足，又看到自己长处后的一种自信。自嘲，是最为深刻的自我反省，而且是自我反省后精神的超越，显示着灵魂的自由与潇洒。自嘲，标志着一定的精神境界。自嘲，也是缓解心理紧张的良药，它是站在人生之外看人生。自嘲又是一种深刻的平等意识，其基础是，自己也如他人一样，有可以嘲笑的地方。自嘲，还是保持心理平衡的良方，当处于孤立无援或无人能助时，自嘲可以帮自己从精神枷锁中解救出来。

能自嘲的人，起码心胸不会狭窄，提得起，放得下，以一种平常恬静的心态去品味与珍藏生活中的酸甜苦辣，去参透与超越人世间的利禄功名，从而获得潇洒充实的人生。

在大家一片哄笑中，他为自己解了围。在幽默的领域里笑自己是一条不成文的法则，你幽默的目标必须时刻对准你自己。这时，你可以笑自己的观念、遭遇、缺点乃至失误，也可以笑自己狼狈的处境。每一个迈进政界的人都得有随时挨"打"的心理准备，如果缺乏笑自己的能力，那么他最好还是去干其他的事情。

我们发现，凡是善于自嘲的人，多是待人宽厚、与人为善的。他们不会处处与人为难，时时跟他人过不去，更不会无事生非。但是，他们绝不是窝囊废，他们会以他独有的宽容的方式来做出反应，也许带一点嘲讽，当然更少不了自嘲。这样，他往往就具有君子之风度。

幽默的小诀窍

一语双关可谓是幽默最厉害的招式之一，但它又不只是"幽默"而已，同时还隐含了"智慧"成分。"一语双关"恰如其分，活脱脱地表达出对人及事的看法，除了使人们"不禁莞尔"或"哈哈大笑"以外，更是"机智人生"的呈现。

所谓双关，也就是你说出的话包含了两层含义：一个是这句话本身的含义，另一个是引申的含义，幽默就从这里产生出来。也可说是言在此而意在彼，让听者不只从字面上去理解，还能领会言外之意。

一只猴子死了去见阎王，要求下辈子做人。阎王说，你既要做人，就得把全身的毛拔掉。说完就叫小鬼来拔毛。谁知只拔了一根毛，这猴子就哇哇叫痛。阎王笑着说："你一毛不拔，怎么做人？"

这则寓言表面上是在讲猴子的故事，却很幽默地表达了"一毛不拔，不配做人"的道理，虽然讽刺性很强，却也委婉、含蓄。

谁不喜欢富有幽默感的人呢？每个人的内心都喜欢阳光与欢乐。一个富有幽默感的人，能使他人在与之相处时享受到轻松愉快的气氛，从而增添与之相处的乐趣。幽默是一种说话的艺术。懂得幽默的人，往往三言两语就能使人忍俊不禁。在中国传统文艺晚会上，相声、小品之所以成为最受欢迎的节目之一，就在于它的表现形式离不开幽默。

比较常见的幽默技巧主要有以下几种。

（1）曲解法

所谓曲解，就是从另外一个角度进行解释，在对话中故意歪曲对方话语的本意，或故意装聋听不清而回答，将两个表面上毫不沾边的东西联系起来，造成一种不和谐、不合情理、出人意料的效果，从而产生幽默感。它常常利用语词的多义、同形、谐音、同音等条件来构成。

（2）借口推脱法

先答应对方的要求，然后又寻找借口加以推脱。

（3）附加条件法

附加条件就是先顺承对方的意思，然后再加上一个条件，而这个条件往往是不能做到的。

（4）巧妙解释法

即对愿意加以巧妙的解释而造成幽默效果。说话时，故意不把要表述的观点直接表述出来，而是隐蔽地蕴含在另一个似乎无关的观点中，让谈话对方经过思考，顿悟你所要真正表达的意思，它往往能够给人留下无穷的回味。

（5）自嘲法

在公共场合，难免会出现尴尬的场面，这时我们就应该学会自嘲，化解尴尬的局面。

（6）夸张法

要想幽默，最常用的手法就是夸张。相声演员姜昆说过："好家伙，那月饼硬得一摔马路可以砸出俩大坑！"这就是夸张，它带给我们的是回味无穷的幽默。夸张手法的运用往往能够恰到好处地放大幽默的细节，达到很好的效果。

（7）以其人之道，还治其人之身

以其人之道，还治其人之身也是一种幽默的手法。它可以化解人们之间的矛盾，让别人认识到自己的错误之处，从而化解双方的矛盾，使气氛缓和。

（8）补充说明法

先肯定对方的说法或顺承对方的意思加以回答，然后再补充说明，使之符合逻辑。

掌握幽默说话的尺度

生活中的你，也许根本就不知道什么是真正的幽默。当然，也许你就是一个非常有幽默感的人，但你却不知道不适时的笑话或是幽默可能导致的后果是什么，并且你也不明白如何去正确地运用它。你需要明白的是，平等从容才能幽默，聪明透彻才能幽默，装腔作势难以幽默，迟钝拙笨亦难以幽默，多一点幽默并不是仅仅为了一笑，而是为了使语言更加丰富，更富于美感。

如果你不能正确地运用幽默，那别人就会把你也看成是一种笑话，因此，在你需要用幽默或是笑话来调节你所处的场合的气氛时，你一定要明确地知道在场的听众是不是有幽默的禀赋，不然的话你所说出来的幽默就根本得不到认可，甚至在场的所有听众对你所表演的幽默一点也不会有所反应。

如果你的幽默与当时的形势以及场合极不协调，那么你的那种自以为是的幽默或笑话，周围的人可能会不屑一顾，在很多的时候还往往会引起别人的反感，甚至于被人视为是对自己的侮辱而遇到反对。

你还要了解你自己，弄清楚自己是否是一个具有幽默禀赋并能灵活运用的人。如果不了解这一点，只是凭自己的兴致，不分场合地去说一些你自己认为十分有趣的笑话或是幽默，是不会收到良好效果的。

你要对自己和你所面向的人有一个正确的估计，要学会正确地运用幽默这种精神调节剂，因时因势，因地制宜地幽默一下，才能使幽默真正起到它该有的效果，才能做到不至于导致别人的误解。

在你运用幽默感的过程当中，一定要注意运用的对象和场合。幽默让人愉悦，能达到说话的效果，但是不合时宜的幽默只会令人厌恶。

幽默要分对象，要区分不同的性别、身份、地位、阅历、文化素养和性格。不是什么人都可以随便说幽默的笑话的。同一个玩笑，能对甲开，不一定能对乙开。比如，就性格而言，有的人内向，如果对这样的人使用幽默语言，就要小心谨慎。关系到他们自身的玩笑话最好少开为妙，即使要开也要注意分寸。不然开过了头，就会使他们感到不悦。而对性格外向的人则可以多开玩笑，但也要注意程度。

一般来说，同辈之间可以开玩笑，同事之间可以开玩笑，而晚辈则不宜与长辈开玩笑，下级不宜与上级开玩笑。在家人、同乡、朋友、同学、爱人、同事、部下之间，可以开开玩笑，说些幽默风趣的话。而对陌生人尤其是陌生女性、性格忧郁或孤僻的人，一般不宜随便开玩笑。

日常生活中，有许多场合可以说幽默的笑话，如月下漫步，乘船候车，盛夏纳凉，课余小憩，酒前宴后闲聊，等等。在一些特殊的场合则不宜说幽默的话，如在庄重的会议或在葬礼上等说一些幽默的话则会不合时宜；在婚礼的宴席上，可以就新郎、新娘的恋爱逸闻说些幽默的话，但切忌以新郎、新娘的隐私问题作为笑料来大肆宣扬，肯定会令人不快。

幽默是一种美好的情感交流，像一块糖，使得本来逆耳的建议让人乐于接受。但是运用幽默是要保证它的前提，在正确的场合下，幽默才能达到效果，否则，只会让幽默变成利剑，伤害了别人的自尊，也让自己的好意化为讽刺。

在人际交往中，一个得体的玩笑可以活跃气氛，让人紧绷的大脑得到松弛，创造出一个充满欢乐氛围的环境。但是如果不分对象、不分场合乱开玩笑，则会适得其反。

幽默是体现一个人社交能力的重要标准。在适当的时机和场合，讲个笑话，开个玩笑，既能活跃气氛，又能消除疲劳。幽默能化平淡为笑料，化乏味为神奇。

幽默可以让我们的生活更加多彩，然而开玩笑一定要掌握"度"，适可而止才能活跃气氛，增进彼此之间的友谊。

第六章　修辞让说话有艺术感

《辞学通论》中是这么讲的："语言是修辞的生命。没有语言，就没有修辞"。

修辞有三个含义，一是指运用语言的方法、技巧和规律；二是指说话和写作中积极调整语言的行为，即修辞活动；三是指以加强表达效果的方法，规律为研究对象的修辞学或修辞著作。一般情况下，我们大多都把修辞理解为对语言的修饰和调整，即对语言进行综合的艺术加工。这是我们最为熟悉的，因此修辞与语境有着密不可分的关系，正确的使用修辞方法可以将语境很好的塑造出来，使表达效果增强。

善用比喻，生动活泼

比喻，就是打比方，即以彼物比此物。具体说，当人们在语言交际中要表达某一事物或道理时，运用联想或想象，引进另一种事物或道理，以便把要表达的事物或道理反映得更具体、更贴切、更生动、更富有感染力，使听者爱听，听得明白，从而留下深刻印象。

刘向的《说苑》中有这样一个生动的故事。

有人对梁王说："惠子这个人说话善于打比喻。假若大王您不让他打比喻，那么，惠子就没法说话了。"

于是，梁王对惠子说："希望你今后说话时不要打比喻了。"

惠子回答说："假若有个人不知道'弹'为何物，您告诉他弹就是'弹'，他能明白吗？"

梁王说："当然不明白了。"

惠子说："我要把我知道的事物告诉不知道这事物的人们，您说不打比喻行吗？"

梁王说："不打比喻是不行的。"

这个故事中，本来梁王是不让惠子再打比喻，可是惠子又悄悄地打了一个比喻，说服了梁王。

比喻一般由本体、喻体和喻词三部分组成。本体是被比喻的事物；喻体是用来做比喻的事物或对象；喻词则是标明比喻关系的词语，如"好像""恰似""像……一样"等。

一次，有人问爱因斯坦什么是相对论，爱因斯坦解释说："你同你最亲爱的人坐在火炉边，一个钟头过去了，你觉得好像只过了五分钟；反过来，你一个人孤孤单单地坐在热气逼人的火炉边，只过了五分钟，但你却像坐了一个小时。这就是相对论。"爱因斯坦用人们日常生活中的真切体验来解释高深玄妙的相对论原理，让普通人也能理解。

人们说话是为了描绘事物，或阐述道理，或表述情感等，要把这些东西表述得生动具体，使别人印象深刻，并不是一件容易的事。如果能运用贴切的比喻，就能化难为易，话半功倍，具有说服力。

庄子是我国战国时期著名的思想家。他一生都过着十分清贫的生活。一次，庄子家里一点粮食也没有，万般无奈，只好到朋友监河侯那里借粮食。

监河侯正收拾行装要外出。庄子见了他，讲了借粮的事，监河侯满口答应："好说，好说，不过我正要进城收租金，等我回来，一定借给你三百两银子，好吗？"

庄子心想：你进城一趟，来回得半个月，等你回来，我一家人不就饿死了吗？

"老兄啊，刚才我见到一件事，很有意思，你不想听听吗？"庄子说。

监河侯问："什么事，你快说。"

庄子说："刚才我到你这儿来的时候，在路边听见求救的声音。我到处找，却没见人。原来在路旁的干河沟里，有一条小鱼，嘴巴一开一闭地在叫着。它说：'我从东海来，现在快干死了，先生能不能给我瓢水，救我一命啊？'我说：'那太少了。你再忍耐一下，等我去找赵国和吴国的大王，请他们堵住西江的水，然后开沟挖渠，把西江水引到这儿来，你就可以顺水游回东海了，你看这样好吗？'谁知那条鱼听了很生气地说：'我现在已经快干死了，只要一小瓢水就能活下去。你的计划虽然很好，但等到西江水来的时候，恐怕我早已变成鱼干了，先生只好到干鱼摊上找我了。'"

监河侯听到这里，满脸通红，连声向庄子道歉，喊来家人，给庄子装了满满一袋粮食。运用比喻说理简洁明了，喻体非常广泛，俯拾皆是。只要与你说明的道理有内在性质的共同点，就可以信手拈来，达到目的。

巧用象征，升华语言

象征是比喻的延伸和扩大，它是借助特定的具体事物，来寄寓某种精神品质或抽象道理的修辞手法。

一位在医学院里任职的教授，正在给刚入学的新生们讲第一堂课。

在暴风雨后的一个早晨，一个男人到海边散步。

沙滩上有许多被昨夜暴风雨卷上岸的小鱼，被困在浅水坑里，挣扎着，想要回到大海的怀抱。

走着走着这个男人发现远方有一个瘦小的身影，不知疲倦地忙碌着。走近一看，原来是一个七八岁的小男孩，他正弯腰捡起水洼里的小鱼，然后再用力地扔回大海，一条又一条不停地重复着相同的动作。

男人问道："孩子，这海滩上有成千上万条小鱼，你一个人救不过来的。""我知道。"小男孩头也不抬地回答着，但并没有停止动作。

"既然知道，干吗还干傻事呢？"男人又问。

小男孩只是默默地捡起小鱼，再把它们扔回大海，并不回答。

男人忍不住又问了一句："你这么做，又有谁在乎？"

小男孩边扔边说："这条小鱼在乎。这条，还有这条……"

讲完这个故事，教授接着说："今天，你们在这里开始了大学生活，从此每一个人都将在这里学会如何去拯救生命。虽然你们救不了所有的病人，但是你们可以救一部分人，为他们减轻痛苦。

因为你们的存在，人们的生活从此有所不同——你们可以使大家的生活变得更加美好，这是你们能够而且必须做到的。"

这位教授在演说中，先是讲述一个富有哲理的小故事，然后借助这个小故事所喻示的精神品质，告诫他的学生们作为一名医务工作者应该具备的职业道德。

一般来讲，象征可分为明征和暗征。明征就是象征客体、象征意义、联系词在话语中同时出现，这类象征意义较明显、固定。例如：人民英雄纪念碑是用一万七千块坚硬的花岗石和洁白的汉白玉砌成的。它象征着先烈们的丰功伟绩，寄托着全国人民对先烈的怀念和敬仰之情……

暗征则只通过对象征客体的精细、巧变的说法来暗示其象征意义，以期引发人们丰富的联想和想象。

合理运用夸张的手法

夸张是为强调事物的某种特征而故意言过其实，或者夸大事实，或缩小事实，让听者对所要表达的内容有一个更深刻的认识和了解。合理地运用夸张技巧，一是便于揭示事物的本质；二是能加强说话的感染力；三是能启发听者的想象力。运用夸张，必须以现实生活为基础，不能漫无边际，做到言过其实而又合情合理，不似真实而又胜似真实。

楚国大夫申无宇的守门奴仆因偷酒被发觉而畏罪潜逃，为了逃避申无宇的追捕，他投靠楚王一跃成为细腰宫守卒。因为楚国的法律明文规定：任何人都不准到楚王宫里抓人。那名奴仆自以为有了尚方宝剑，整日嚣张狂妄。可是，没想到申无宇却在楚王不知道的情况下径直到宫里把那位奴仆捉了回来。

楚灵王知道了之后非常气愤，命令申无宇把那个奴仆放出来。

申无宇说："天上有十个太阳，人分十个等级，上层统治下层，下层侍奉上层，上下互相维系，国家才能安定太平。如今臣下的守门奴仆畏罪潜逃，借王宫之地庇护犯罪之身。如果让他得到庇护，那么其他奴仆便会互相效法，盗贼公行，谁还能禁止得了。长此以往，社会不安，大王江山不保啊。所以，臣下才不敢遵奉王命。"

楚灵王细细琢磨了一番，觉得很有道理，便下令处决那个奴仆。

上文中楚国大夫申无宇把窝藏一个奴仆与天上的太阳、社会不安、江山不保联系在一起，显然是夸大了事实，但却收到应有的效果。可见他的机智与果敢。

夸张既然是在某些方面"言过其实"而又有真实性作为基

础，这就有利于突出事物的特殊性，可以唤起人们的想象，收到突出个性形象的效果。如下面的例子。

有三个人在一起谈论如何节约，其中一个人说："我认识一个人，为了节约墨水，无论写什么，字都写得像芝麻粒儿一样大小。"第二个人说："我认识一个人，为了减少手表的磨损，天一黑，就把手表给停了。"第三个人说："你们说的都一般，我认识一位老先生，为了节约眼镜，连报纸都不看了。"

如果说为了节约眼睛连报纸都不看了，还不为夸张，而为了节约眼镜连报纸都不看了，就不能不是夸张了。可以想象，这位节约眼镜的老先生用节约精神去做其他事情时，又该是何等节约啊。

还有一个笑话，说一个老人很健忘，去浴缸洗澡时竟忘了脱衣服，但衣服却一点没打湿，原来他忘了开水龙头了。其实再健忘的人也不至于到这种程度。

夸张虽然言过其实，但不等于浮夸，它必须以客观事实为基础，必须反映客观事物的本质特征，做到"夸而有节""饰而不诬"，才能造成强烈的震撼效果。

比拟让语言更加鲜活

比拟，即根据一定的想象，把物当作人或把人当作物，或把此物当作彼物来表达的一种修辞技巧。

比拟可分为拟人和拟物两种。

拟人又叫"人格比"，就是赋予大自然、动物、抽象事物等以人的言行或思想感情。

拟物即把人当作物，或把此物比拟为彼物。

一位来自新加坡的老人在游武夷山时，不小心被蒺藜划破了裙子，顿时游兴大减，中途欲返。女导游见状微笑着走到老人身旁说："这是武夷山对您有情啊。它想牵住您，不让您离去，好请您多看她几眼。"

几句话，把老人的不快吹得无影无踪。武夷山的热情好客是机敏的女导游所赋予的，这里就用了拟人手法，而且表达得十分得体。再如：

在一个欢迎日本青年代表团的宴会上，热情的中国朋友用著名的"人参母鸡汤"来款待客人。不想这可为难了在场的翻译。原来，他没有记住日语"母鸡"这个词。只见他机灵地站起来，指着汤，笑着对客人介绍说："这是用公鸡的太太和人参做的汤，请诸位品尝。"

这里的"公鸡的太太"用的就是拟人手法，显示了翻译的机敏和幽默。

吴稚晖在北京曾教过蒋经国。当时，有人送了一辆人力车给吴稚晖。吴稚晖要蒋经国找锯子把车前两根拉杠锯掉。

蒋经国以为先生在说笑话，不敢动手。吴稚晖火了："我要你锯，你就锯！"

　　没办法，蒋经国只好把两根拉杠锯掉了。吴稚晖悠然地坐在上面，哈哈大笑着说："真舒服，我现在有了一张沙发椅。"接着，他语重心长地教导蒋经国："一个人有两条腿，自己可以走路，何必要人拉？你坐在车上被人拉着，岂不成了四条腿？"

移花接木，巧用借代

三国时期，马家有五兄弟，这五个兄弟的名字里都有一个常字。五兄弟中，以马良的才学最高，刘备派他去办理外交事务，他每次都不辱使命地载誉而归。

因此，当时就流传一句话，叫作："马家的五个常，白眉毛最优良。"原来，马良的长相有个特点，眉毛像雪一样白得闪光。这里不说"马良最优良"，而是说"白眉毛最优良"，用"白眉毛"这个长相特征来代指马良。

借代就是不直接说出该人或该事物，而借与要说的人或事物有密切关系的其他事物来代替所说的修辞技巧。借代的客观基础是事物的相关性，运用这种技巧可以使语言具体形象，富于变化。

引经据典，增强语言感染力

引用这种修辞方法用途十分广泛，是指在语言交际中引用名言警句、熟语、典故等，来证明事物、阐述道理。运用这种修辞手法可以增强说服力和感染力，使语言表达言之有据、生动形象。引用的方式有多种多样，常用的有暗引、正引、反引和撷引。

1. 暗引

暗引即暗示、引用。

2. 正引

正引即用其原意原句。如教师节的晚会上，一名女学生在回答教育的作用时说：

"'在一个文盲的国家里，是不能建成社会主义的。'（列宁语）'一个受了不良教育的孩童，等于走失了方向。'（肯尼迪语）'知识才是引导人走到光明与真实境界的灯烛。'（李大钊语）所以，'教育是廉价的国防。'（亚里士多德语）'教育的根是苦的，但它的果是甜的。'（约翰逊语）教育的根就是我的根。"这一段话引用了列宁、肯尼迪、李大钊、亚里士多德等著名历史风云人物的名言、警句，揭示了教育为本的深刻内涵，生动深刻，效果突出。

3. 反引

反引即反其意而用之。

4. 撷引

撷引是撷取原句中部分词语而用之。

运用引用技巧时，要力求精当，多少适宜；所引用的内容必须对阐述问题确有价值，其内容既具有权威性、说服力，又不是老生常谈。

运用引用应注意两点：一是保持引文的完整性，切忌断章取义；二是将引文与所要表达的意思融为一体，成为论说的有机组成部分，不能硬凑生拼，甚至"贴标签"。

排比让语意层次清晰

　　运用排比可使语意表达层次清晰、语势强劲、节奏鲜明、语意畅达。这种修辞手法一般是由三个或三个以上结构相同或相似、内容密切关联、语气一致的词组或语句排列而成，用以表达同一范围、同一性质的事物，以增强语势，增强节奏感和旋律美，加强语言的力度。

　　马丁·路德·金在 1968 年 8 月 28 日美国华盛顿黑人集会上发表了一场精彩的演说，其中有这样几段话。

　　"一百年前，一位美国伟人签署了《解放宣言》。现在我们站在他纪念像投下的影子里，这重要的文献为千千万万在非正义烈焰中煎熬的黑奴点起了一座伟大的希望灯塔。这文献有如结束囚室中漫漫长夜的一束欢乐的曙光。

　　然而，一百年后的今天，我们却不得不面对黑人依然没有自由这一可悲的事实；一百年后的今天，黑人的生活依然悲惨地套着种族隔离和歧视的枷锁；一百年后的今天，在物质富裕的汪洋大海中，黑人依然生活在贫乏的孤岛之上；一百年后的今天，黑人依然在美国社会的阴暗角落里艰难挣扎，在自己的国土上受到放逐。所以，我们今天到这里来，揭露这骇人听闻的事实。

　　……

　　这就是我们的希望。这就是我们带回南方的信念。怀着这个信念，我们能够把绝望的大山凿成希望的磐石。怀着这个信念，我们能够将我国种族不和的喧嚣变为一曲友爱的乐章。怀着这个信念，我们能够一同工作，一同祈祷，一同奋斗，一同入狱，一同为争取自由而斗争，因为我们知道我们终将得到自由。"

　　在马丁·路德·金这几段演讲词中，第二段以"一百年后的今天"领起的排比句，从黑人没有自由，受着种族隔离和歧视，过着贫乏的生活乃至受虐待遭驱逐的政治、经济、人生、法律待遇等方面集中地揭露了黑人悲惨严酷的生活现状，给人以心灵的震颤；最后一段以"怀着这个信念"领起的排比句，表述了所要进行的不懈努力、斗争原则和奋斗目标。文中排比句式的运用，如江河奔腾，气势磅礴，既淋漓尽致地表达了演讲者的思想和感情，又产生了激动人心的修辞效果。

一语双关，饶有风趣

双关就是有意识地使用同一个词或同一句话，在同一个言语环境中兼有两重意思：表面上是说这件事，实际上是指另一件事。一语双关，能使话语含蓄、幽默、饶有风趣，还能加深语意，引人思考，给人以深刻的印象。我们可从下面这一组故事中，体会一下双关语运用的技巧。

有个人十分贪杯，常常喝得酩酊大醉。朋友们都很痛心，一再劝他不要滥饮，无奈他就是听不进去。大家商量来商量去，决定设一条妙计，吓唬他一下，也许让他不再酗酒。

一天，当他大醉大吐之后，朋友们弄来一块猪肝，沾些污物，给他看过，说："人有五脏才能活命，现在你喝酒无度，吐出一脏，只有四脏了，生命已经十分危险，今后不要再喝了。"

哪知这人醉了心不糊涂，他故意撒酒疯："唐三藏都能上西天取经，何况我还有四脏呢？"酒鬼运用谐言，把"藏"与"脏"牵扯到一起，令朋友们无可奈何，充分显示了这酒鬼的机智。

有个女婿，能言善辩，一次同媳妇一块儿到岳父家去串门。

岳父很是吝啬，在午餐席上，只摆盘生柿子和几样蔬菜。

女婿伸手拿过生柿子，连皮一块儿吃。媳妇在屋里看见了，连连说："苦。"女婿一边吃，一边回答说："苦倒不苦，只有些涩（啬）。"

苦涩的"涩"与吝啬的"啬"同音，女婿借此讥讽岳父的吝啬。

在词语的选择上，女婿也显出了煞费苦心，不说柿子苦，而说涩，旨在运用谐音双关。虽然嘴受了点罪，却达到了讥讽以泄不满的目的，足显其机智了。

纪晓岚与和珅同朝为官。纪晓岚任侍郎，和珅任尚书。

有一次，两人同饮，和珅指着一条狗问："是狼是狗？"

纪晓岚非常机敏，立即意识到和珅是在转弯抹角地骂自己，就给予还击。他泰然自若地回答道：

"垂尾是狼，上竖是狗。"

这"是狼"与"侍郎"谐音，"上竖"与"尚书"谐音，和珅用谐音攻击纪晓岚，自以为稳操胜券，聪明卓绝，没想到纪晓岚用同样的技巧以其人之道，还治其人之身，使狡猾的和珅没有占到丝毫便宜。

三个朋友到一家小酒店喝酒，店里只剩下一个空位子。三个人各不相让，争吵不休，最后商定："谁吹的牛大，谁就座这个位子。"

三个人中有一个是盲人，他抢先说："我目中无人，该我坐这个位置。"

另一个是矮子，他说："且慢，我不比常（长）人，应该由我来坐。"

第三个人是驼背，他不慌不忙地说："你们都别争了，其实，你们都是直（侄）背（辈）的，这个位子，理所当然应由我来坐。"

三个人，皆用谐音技巧，真是各有千秋，难分上下。

第七章　谦逊表达，学会倾听

　　在一场对话中，认真倾听体现了一个人谦逊的教养，展现了一个人高尚的素质。而任意打断别人的说话，则表现出对别人的不尊重，也暴露出自己素养低下。

　　所以，学会倾听是人生的必修课，只有学会倾听才能去伪存真，才能给人留下虚怀若谷的印象。古人有云："听君一席话，胜读十年书"，这便是对智慧的谈吐者与虚心倾听者的高度赞誉。

倾听是一种力量

如何与人真诚沟通、交流？很多人认为，交谈是最好的办法。其实不然，比倾诉更让人倾心的是倾听。多倾听对方的心声，你会发现，原来，倾听才是增进人际关系的润滑油。

倾听是一项技巧，是一种修养，更是一门学问。懂得倾听，有时比会说更重要。倾听具有一种神奇的力量，它可以让人获得智慧和尊重，赢得真情和信任。

有句谚语："用十秒钟的时间讲，用十分钟的时间听。"善于倾听，是说话成功的一个要诀。据美国俄亥俄州立大学一些学者的研究，成年人在一天当中，有7%的时间用于交流思想，而在这7%的时间里，有30%用于讲，高达45%的时间用于听。这说明，听在人们的交往中居于非常重要的地位。

在我们的周围，很多人一心只想表现自己，喜欢高谈阔论、夸夸其谈，却不能耐心倾听别人的意见与想法。诚然，他们是能说会道的人，却不是最招人喜欢的人，因为他们不懂得倾听比倾诉更重要。

其实，倾听饱含着很多意义：倾听证明你在乎、尊重别人，倾听证明你不是孤独的，倾听是一种心灵的沟通，只有认真地倾听，才能更好地倾诉，倾听和倾诉是相辅相成、互相依赖的。倾听是倾诉的目标和方向，没有倾听的倾诉就是无源之水。

在人与人的交往中，倾诉是表达自己，倾听是了解别人，达到心灵共鸣。在人与人的沟通中，除了倾诉，我们还应该学会倾听。当一个人高兴的时候，我们要学会倾听，倾听快乐的理由，分享快乐的心情。当一个人悲伤的时候，我们要学会倾听，倾听痛苦的缘由，失意的原因，理解倾诉者内心的苦处，表示出怜悯同情之心，淡化悲伤，化解痛苦。当一个人处于工作矛盾、家庭矛盾和邻里矛盾时，倾听矛盾的症结，帮助分析，为其分忧解难……倾听是一种与人为善、心平气和、虚怀若谷的姿态。有了这份姿态，就会多听一些意见，少出几句怨言。

愿意倾听别人，就等于表示自己愿意接纳别人，承认和重视别人。如果你能面带微笑，用一种专注而又迫切的眼光看着他，那会让人感觉你是欣赏他的。在这种氛围里，对方会充分地展现自己。如果你是一个领导，下属向你提建议，即使开始还有点紧张，但你的倾听会使他马上感到放松和自信。所以说，学会倾听，对领导来讲，也是个重要的领导思想和领导方法。县委书记的好榜样焦裕禄，新时期领导干部的楷模郑培民，人们念念不忘他们。为什么？并不是因为他们有翻江倒海的本领，也不是因为他们有经天纬地的才华，而首先在于他们心里装着人民，善于倾听群众的呼声，为人民群众排忧解难。

倾听，在人们生活中如此重要，那么，就让我们重视起来吧。只有这样，我们的生活才会更加和谐舒畅，我们的人生才会到处充满阳光。当然，学会倾听，更要学会鉴别。学会倾听，并非逆来顺受，而是要具体问题具体分析。对那些混淆是非、造谣中伤、无中生有的无聊倾诉，则要给予善意的劝解，必要的话，还要给予严厉的批评，坚决制止。

戴尔·卡耐基曾经说过："当对方尚未言尽时，你说什么都无济于事。"这句话告诉我们，无论是想和他人进行良好的沟通，还是想有力地说服他人，首先我们要学会积极地倾听别人的话语。积极的倾听，是促进理解的金色桥梁，是人际交往的一种艺术，体现了一个人的品德。那么，怎样才能成为一名积极的倾听者呢——

要实现积极的倾听，首先就要做到耐心、专心、虚心。就日常生活中的交谈而言，并非所有的话语都包含着重要的信息，并且我们的思维速度是说话速度的四到五倍，因此，如果在谈话中不能保持足够的耐心，我们的思想就会开小差，注意力就无法集中。要改进聆听技巧的首要方法就是尽可能地消除那些来自内部或外部的干扰。我们必须把注意力完全放在说话者的身上，耐心聆听，才能明白对方说了些什么、没说什么以及对方的话所代表的态度和含义。

其次，当我们在和他人谈话的时候，即使我们还没有开口，我们内心的感觉就可能已经通过肢体语言清清楚楚地表现出来了。因此，运用一些有利的肢体语言，如自然的微笑、得体的坐姿、亲切的眼神、点头或手势等，能够起到促进交流、消除心理隔阂、鼓励交谈者自然而尽情地表达等作用。当然，除了肢体语言以外，话语在积极倾听过程中也发挥着十分重要的作用。可以提出一些诸如"你认为这是关键问题吗？"、"你的意思是……吗？"、"你能说得明白一些吗？"之类的问题。这些提问让对方感到你对该话题感兴趣，从而更乐意与你交谈，为你提供更多的信息，有助于你理解问题的各个方面。

俗话说："酒逢知己千杯少，话不投机半句多。"在聆听别人谈话的过程中，要认真揣摩对方要表达的感情和含义，努力理解说话人的内心世界，这样会加快你和谈话者彼此之间的沟通，帮助你迅速找到能够与谈话者产生精神共鸣的话题和内容。"有动于中，必形于外"，当你内心的感情与倾听对象达到共鸣时，表情会自然而然地随着谈话内容而发生变化，情感上会和对方产生交流，比如当对方在讲笑话或幽默时，你会开怀大笑，更增添了讲话人的兴致；说到紧张之处，你会屏气凝神，让讲话人感受到你的专注。这种积极的情感反馈自然会获得良好的倾听效果。

掌握倾听的技巧

在互联网和其他现代化数字传媒纷纷进入人们的学习、工作、生活的时代背景下，对话、沟通成为人们的趋向性选择。与此同步，思想文化的教育方式也随之由注重单向灌输变为重视双向交流，倾听自然也就成为这种互动交流的必要前提和条件，成为连接双方心绪的桥梁和纽带。也正如此，有许多人必须从以前那种好为人师、"我讲你听"的习惯中走出来，跟上时代的脚步，提高自己倾听的素养和能力，掌握倾听的技巧。而要学会倾听，在当前至少有以下几点是应该给予足够重视和格外留意的。

倾听要耐心

耐心是使诉说和倾听得以进行下去的基本保证。倾听时不能急，急了，常常导致不让人说话；倾听时不能躁，躁了，就会频频打断别人说话；倾听时不能烦，烦了，就会让诉说者顾虑重重、欲言又止。总之，倾听要有耐心，有耐心才能更好地倾听。

耐心是一种态度。倾听的根本问题是态度问题，不是方法问题。毛泽东同志指出："怎样使对方说真话？各个人特点不同，因此，要采取的方法也不同。但是，主要的一点是要和群众做朋友，而不魅做侦察，使人讨厌。"管理者要想听到群众的心声，首先要有尊重人、关心人、平等待人的根本态度，要把群众当成无间亲朋、良师益友。应该认识到耐心倾听群众的呼声是坚持民主作风的体现，是贯彻群众路线的基本前提，而这种态度就表现为面对群众时的满腔热忱，倾听诉说时的认真细致，听到问题时的赞许鼓励，闻知困难时的关注关切。

耐心是一种涵养。管理者从群众中既能听到赞美鼓励，又能听到逆耳之言；既能听到简短汇报，又能听到唠叨长谈；既能听到真知灼见，又能听到风言风语。面对各种声音，管理者需要有海纳百川的气度，要能听得进千言万语。法国著名作家雨果说过："世界上最宽阔的是海洋，比海洋更宽阔的是天空，比天空更宽阔的是人的胸怀。"管理者就应具备宽广的胸怀和容人的素质，要能控制得住自己去耐心倾听不同的声音，要能在听的过程中耐心寻找他人思想的火花。

耐心是一种习惯。秦末，楚汉相争。初始，汉高祖刘邦处于劣势，兵寡势微，屡战屡败，但是他从谏如流，始终愿意耐心听取他人的意见，把倾听意见作为习惯，变成个人风格，终于以弱胜强。而项羽则高傲自大，闭目塞听，仅有一个谋士范增，还不愿用，最终失去了优势，无颜再见江东父老。同样，管理者要为企业建设出谋划策，要为广大群众解决实际问题，需要掌握各方面的情况。面对纷繁复杂的局面，管理者必须把倾听变成自觉行为，内化为良好习惯，形成工作作风，才能耐下心性听取八方来言，才能心平气和听完各种意见，也才会为做好工作打下扎实的基础。

倾听要虚心

因为只有虚怀若谷，才能容纳各种不同意见。倾听，不论听到什么意见——正面的、反面的，料到的、意外的，好听的、难听的，都要"洗耳恭听"。这样，才会收到"知无不言，言无不尽"的奇效。

虚心表现为不自以为是。好为人师，自以为是，不由分说，拒人于千里之外，都是倾听的大敌。管理者在任何时候都不能认为自己有多高明，应该认识到高明是相对的，一个人不可能比一切人高明，也不可能在一切事上都高明，只有虚心听取不同意见，做到耳听八方，才能了解到真实情况，才能为群众所认可。正如汉代桓宽在《盐铁论》中所讲："多见者博，多闻者智，拒谏者塞，专己者孤。"管理者只有谦虚好学，多听多看，兼听善择，才能视野开阔，知识丰富。否则，自高自傲，夜郎自大，只能导致独断专行，陷于孤立。

　　虚心表现为不拒绝批评。倾听不只是听好听的话，更要听难听的话，难听的话中有真相、真情、真理。"良药苦口利于病，忠言逆耳利于行"，讲的就是这个道理。唐太宗李世民多次被谏臣魏征尖锐的措辞激得面红耳赤，但他能够虚心纳谏、容人谏言，反而从魏征那里受益匪浅，因此魏征死后他痛哭流涕："以人为镜可以明得失，魏征殁，朕亡一镜矣！"面对批评，人们不仅要能听，还要善听、愿听、爱听。要以"闻过则喜"的胸怀对待批评，做到"言者无罪，闻者足戒"。只有这样，才能听得进逆耳忠言，才会吃得下苦口良药。

　　虚心表现为不居高临下。倾听是发扬民主、集思广益、融人民群众的有效途径，是管理者礼贤下士、平易近人、礼貌待人的直接体现。三国时，刘备不以诸葛亮位卑而轻之，三顾茅庐问天下计，诸葛亮因感"先帝不以臣卑鄙"之恩而"鞠躬尽瘁，死而后已"，成为千古佳话。虽然，人有大小、新老之分，言有长短、轻重之别。但是，管理者应该深知"微言"有大义、"小计"含真情，放下架子、面子倾听群众的声音，就会得到群众的敬重，就会得来群众的肺腑之言，就会赢得群众的支持拥护。

　　倾听要诚心

　　心诚则灵。心不诚，如果只是表面上装出倾听的样子，而实际上心不在焉，那么，就不仅听不到真言，还会因此交不到诤友。

　　倾听要真诚。"人心换人心，五两对半斤"，管理者只有真心诚意地去听群众的声音，群众才会从心里接受你、感谢你、支持你。日本松下公司多年来有一项制度，就是每月发工资时，工资袋里必须有一封总经理给职工的亲笔信。信都写得真诚感人，职工拿到工资袋，不数钱，先看信，还拿给家人看，看到感人处一家人都掉眼泪。正是因为公司这种真诚待人的态度，使得松下员工都尽心敬业、努力工作，也使得松下公司成为世界著名企业。"精诚所至，金石为开"。管理者要想听到真实的话语，必须抱有真诚的态度，做到用心去听，用情去听，而绝不能虚情假意，敷衍了事。

要理解对方。群众向管理者诉说衷肠，多半是因为心里有了解不开的疙瘩或遇到了棘手的问题。因此，倾听时必须要理解诉说者的心情和处境。要由人推己，站在当事人的角度来感知诉说者的困难和心境，理解他们的心情和需要。要通情达理，面对群众的不满之辞和偏激话语，应该理解他们、体谅他们，用自己的诚心来解开群众的心结。要想人所想，对待群众的事情和疾苦，应该急人所急、忧人所忧。只有这样，才能与人交心，大家才不会把你当成外人。

倾听要细心

古人云"天下大事，必作于细"。倾听中，管理者只有心细如发、见微知著，才能敏锐地感知群众的心迹，才能迅速地抓住问题的端倪。

要听清。倾听不是不动脑子地随便听听，而是要集中精力：认真、用心地听。管理者在倾听群众反映情况时不能"心不在焉"或"左耳进右耳出"，更不能还没等对方讲完就"先声夺人""先入为主"。这样，不但听不清群众的话语，而且还会影响群众的情绪，"听"还不如"不听"。要听清话语，必须聚精会神，心无旁骛，自始至终地认真听群众的每句话语。要记清话语，除过用笔去记外，还要用脑去记，用心去记，记清群众的情绪态度，记住群众的殷切期望。

要听准。"差之毫厘，谬以千里"，这个道理同样适用于倾听。听不准群众的话语，就弄不清群众的想法，就不会清楚群众的需要，也就会使后面的工作无的放矢，甚至出现偏差。要听准话语，需要心随耳动，切实弄明白群众说的重点是什么、心里的想法是什么、希望达到的目的是什么，尤其对于重要、敏感的话语，应该有意再询问订正一下，确保准确无误。要听准话语，还需要闻百家之言。"兼听则明，偏信则暗"，只有倾听多种声音、征求多种意见，并经过分析辨别、综合衡量后，才能找出最准确的信息。

要听真。"说话听声，敲锣听音"。倾听要辨识，没有辨识怎能听真？管理者要想把准群众的思想脉搏，弄清事物的本来面目，就要会听言下之意、真实之音。人们的经历和环境不同，个性特征、学识、修养和思维方式也会不同。有的人说话直接反映他的真实想法，有的人则常常用反话、气话、怪话等曲折的方式来表现意见倾向。所以，相同的话由不同的人来说，其含义可能是不相同的。因此，管理者倾听时一定要开动脑筋，对听到的话进行具体分析、去伪存真，从而摸清群众的真实想法。

在倾听中产生共鸣

　　倾听是搞好人际关系的需要。人有两只耳朵一张嘴，就是为了少说多听。不重视、不善于倾听就是不重视、不善于交流，而交流的一半就是用心倾听对方的谈话。不管你的口才有多好，你的话有多精彩，也要注意听听别人说些什么，看看别人有些什么反应。俗话说得好："会说的不如会听的。"也就是说：只有会听，才能真正会说；只有会听，才能更好地了解对方，促成有效的交流。尤其是和有真才实学的人一起交谈更要多听，不仅要多听，还要会听。所谓"听君一席话，胜读十年书"，大概正是这个意思。

　　那么，是不是我们什么都不说，只一味地去听呢？当然不是。假如一句话都不说，别人即使不认为你是哑巴，也会认为你对谈话一点兴趣都没有，反应冷漠。这样会使对方觉得尴尬、扫兴，不愿再说下去。到底多说好，还是少说好呢？这就要看交谈的内容和需要了。如果你的话有用，对方也感兴趣，当然可以多说；倘若你的话没有什么实质内容和作用，还是少说为佳。即使你对某个话题颇有兴趣和见解，也不要滔滔不绝，没完没了，更不要打断别人，抢话说，因为那样会招致对方厌烦，甚至破坏整个谈话气氛。

　　听话也有诀窍。当某人讲话时，有的人目光游离，心不在焉，看表、修指甲、打呵欠、打电话……这些小动作会给人一种轻视谈话者的感觉，让对方觉得你对他不满意，不愿再听下去，这样肯定会妨碍正常有效的交流。当然，所谓注意听也不是死盯着讲话者，而是适当地注视和有所表示。

　　给讲话人语言暗示，告诉他你在专心地听。对他所说的话感兴趣时，展露一下你的笑容；用"恩、噢"等表示自己确实在听和鼓励对方说下去。或者"明白了""再讲具体一点""然后怎么样了？"注意，每一个暗示都要简短，但这足以使讲话人深受鼓舞。

提出问题。凭着你所提出的问题，让对方知道，你是仔细地在听他说话。而且通过提问，可使谈话更深入地进行下去。如："要如何才能改变这一现状呢？""如果不这样还有其他好的办法吗？"

要巧妙地表达你意见，不要表示出你与对方不合的意见，因为对方希望听的人"听"他说话，或希望听的人能设身处地地为他着想，而不是给他提意见。你可配合对方的证据，提出你自己的意见，比如对方说完话时，你可以重复他说话的某个部分，或某个观点，这不仅证明你在注意他所讲的话，而且可以以下列的答话陈述你的意见。如："正如你指出的意见一样""我完全赞成你的看法"。

在忠于对方所讲话题的基础上，引导好话题的走向。无论你多么想把话题转到别的事情上去，达到你和他对话的预期目的，但你还是要等待对方讲完以后，再岔开他的话题。对方也许是一个不善表达的人，不是短话长说，就是说些与主题无关的话题，甚至连陈年往事也牵扯上了。这样的谈话枝叶太多，往往会脱离主题。因此听者须及时予以引导，使谈话重上轨道。这是听者的重要责任，也是听话技巧之一。记住，是引导而不是指导。

要听懂对方的意图，而不仅仅是话语。管理学大师彼得·杜拉克曾经说过："沟通就是倾听对方没有说出来的话。"因此，请细心体会说话人"话里话外"的意思，并且在抓住事实的同时感受他的情绪。

当一个话题告一段落，你要适时引入新的话题。人们喜欢从头到尾安静地听他说话，而且更喜欢被引出新的话题，以便能借机展示自己的价值。你可以试着在别人说话时，适时地加一句："你能不能再谈谈对某个问题的意见呢？"

　　如果我们把每一次倾听都当作学习的机会。即便谈论的话题一开始显得很无趣，也请紧跟说话人的思路。而在你学习的同时，你也会获得谈话人的好感与尊重。认真按照这些要求去做，你一定会成为一个成功的倾听者，成为一个拥有纵横口才的高手！

在建议之中巧"弹"弦外之音

1937 年 10 月 11 日，罗斯福总统的私人顾问萨克斯受爱因斯坦等科学家的委托，约见了罗斯福，要求总统重视原子能的研究，抢在德国之前制造出原子弹。但任凭他谈得口干舌燥，罗斯福还是听不懂那些枯燥的科学论述，只是淡淡地说："这些都很有趣，不过政府若在现阶段干预此事，似乎还为时过早。"罗斯福以十分冷淡的态度回绝了萨克斯的一腔热情，萨克斯心中又着急，又生气。但罗斯福是一位颇具威信的总统，他决定的事，萨克斯作为下属不能硬顶，也顶不住。事后，罗斯福为表歉意，邀请萨克斯共进早餐。萨克斯决定利用这个难得的好机会，说服罗斯福采纳爱因斯坦等科学家们这一对美国生命攸关的建议，研制原子弹。为此，他在公园里徘徊了一夜。第二天一早，萨克斯刚落座，罗斯福就直言不讳地告诫他，不准谈原子弹的事。博学多智的萨克斯灵机一动，罗斯福虽不懂物理学，对历史肯定感兴趣。"我想谈一点历史，"他的攻势就此开始，"英法战争期间，拿破仑在陆战中一往无前，海战却不尽如人意。一天，轮船的发明者——美国人富尔敦来到了拿破仑面前，建议他把法国战舰的桅杆砍断，装上蒸汽机，把木板换成钢板。他向拿破仑保证，法国舰队肯定所向无敌。拿破仑却认为，船没有风帆不能航行，木板换成钢板必然会沉。他认为富尔敦肯定疯了，将其赶了出去。历史学家在评述这段历史时认为，如果拿破仑采取富尔敦的建议，19 世纪的历史将重写。"罗斯福的脸色变得十分严肃，沉默了几分钟，然后斟满一杯酒，递给萨克斯说："你赢了！"

萨克斯虽然不直接谈研制原子弹，但在他的类比中表明罗斯福与拿破仑有着极为相似的共同特点：都是战争期间，都不懂物理，都面临着对一项与战争中自己军队命运攸关的新技术的选择。其用意也不言而喻：是像拿破仑那样，将新技术拒之门外而自取失败，还是与之相反？通过这一与当前形势极为类似的历史事实，使不懂物理学的罗斯福很容易地理解了研制原子弹的重要性，终于采纳了爱因斯坦等科学家的建议。

建议和批评有时是一对孪生兄弟，当建议不成时人们往往会升级到批评，但聪明的人会在建议之中巧"弹"弦外之音，以达到看似建议实则批评的效果，并让当事人心领神会的接受，这是批评中的一个相当难达到的境界，这种批评方式在不动声色之间便令对方明白了其中的含义，所以巧"弹"弦外之音的批评方式别人是乐于接受的，这种批评方式别人也最爱听。

在批评别人时，我们一要讲究方式、方法。寻找一种能让人容易接受的批评方式。否则批评就难以达到预期效果。

人在本性上都是不愿受到指责、批评的，不管你说得对不对，都可能让人不舒服，但是，批评如果注意方式方法，则能让人欣喜感慰着接受的，这就要求我们能使批评达到春风化雨、甜口良药也治病的效果。

美国南北战争时期，属下向林肯总统打听敌人的兵力数量，林肯不假思索便答："120万至160万之间。"下属又问其依据何在，林肯说："敌人多于我们三四倍。我军40万，敌人不就是120万至160万吗？"为了对军官夸大敌情、开脱责任提出批评，林肯巧妙地开了个玩笑，借调侃之语嘲笑了谎报军情的军官。这种批评显然比直言不讳的指斥要好多了。

其实，许多时候批评的效果往往并不在于言语的尖刻而在于形式的巧妙，正如一片药加上一层糖衣，不但可以减轻吃药者的痛苦，而且使人很愿意接受。批评也一样，如果我们能在必要的时候给其加上一层"外衣"，也同样可以达到"甜口良药也治病"的目的。

有一天中午，查理·夏布偶然走进他的一家钢铁厂，撞见几个工人正在吸烟，而在那些工人头顶的墙上，正悬着一面"禁止吸烟"的牌子。夏布没有直接地批评工人。

他走到那些工人面前，拿出烟盒，给他们每人一支雪茄，然后请他们到外边去抽。那些工人，已知道自己破坏了规定，可是他们钦佩夏布先生不但丝毫没有责备他们，而且还给他们每人一支雪茄当礼物，工人们觉得很高兴。

1987年3月8日，最善于布道的彼德牧师去世了。下一个星期日，艾鲍德牧师被邀登坛讲演。他尽其所能，想使这次讲演有完美的表现，所以他事前写了一篇讲演的稿子，准备到时应用。他一再修改、润色，才把那篇稿子完成，然后，读给他太太听。可是这篇讲道的演讲稿并不理想，就像普通演讲稿一样。

如果他太太没有足够的修养和见解，一定会直接说出这篇稿子糟透了，绝对不能用，因为它听起来就像百科全书一样枯燥无味。当然可以向她丈夫这样说！试想一下，这样说，后果又会如何呢？

那位艾鲍德太太，因为她知道间接批评别人的好处，所以她巧妙地暗示她丈夫，如果把那篇演讲稿拿到北美评论去发表，确实是一篇极好的文章。也就是说，她虽然赞美丈夫的杰作，同时却又向丈夫巧妙地进行暗示，他这篇演讲稿，并不适合讲道时用。艾鲍德明白了他妻子的暗示，就把他那篇绞尽脑汁所完成的演讲稿撕碎。他什么也不准备，就去讲演了。

批评时一定不能过于正面，要注意方式，如果有这个必要的话，我们不妨旁敲侧击地去暗示对方，对人正面的批评，那会毁损了他的自信，伤害了他的自尊，如果你旁敲侧击，对方知道你用心良苦，他不但接受，而且还会感激你。所以批评时换一种别人易于接受，乐于接受的说话方式，是一种再妙不过的说话技巧了。

温暖的语言有力量

生活中，夫妻间一些磕磕碰碰在所难免，这要看一个人对事情的理解程度，也是性格所决定的。当然，心态也很重要。有的人，只用很短一段时间就能调整过来，有的人却需要很长一段时间，还有的人或许永远也调整不过来。

多想想一个人的优点和他的长处，不管是爱人也罢，周围的人也罢，心情顿时就会云开雾散。一味地想一个人的缺点，越想越觉这个人一无是处，心情也会越想越糟。

婚姻最重要的是宽容。不是海的胸腔，却给予山般的宽广。最长久的婚姻也依然由无数次的争吵和斗争，甚至一百次离婚的念头构筑。别让无意的玩笑引发无数的战争，微不足道的细节也会成为分道扬镳的杀手。

爱，需要细心的品味；爱，需要慢慢地感受；爱在记忆中寻找，爱在生活的琐事中。爱需要包容但不是纵容，需要相互理解，更需要说话。

人世间，匆忙中，也许你很幸运地找到了爱，那你一生一世都要珍惜；也许你委屈了自己或委屈了对方，这一生与爱无缘，但你还要负责地把没有爱的情进行到底，加倍呵护；这也许更能磨炼伟大的人格，更能造就人生的精彩。许多情况下，我们也会稍微留意身边的现象，在我们看来，他们俩并不般配，但生活中，他们却能相濡以沫，过得开心快乐，幸福美满；有时候在我们看来，这小俩口十分般配，门当户对，然而他们却过得十分辛苦，同床异梦，度日如年。

人间需要温情，生命需要感动，夫妻需要坦诚，心灵的交会，即便是刹那的瞬间，也是永恒。平凡的生活，点滴情节，都在我们心中酝酿沉淀，因为真情太重，爱的深沉，所以愿意追随。

只要你愿意相信爱情，全心全意地去爱，就会拥有世上最大的幸福。生命是短暂的，珍惜你所拥有的，用你善良的爱心去包容一切，不要空留遗憾在人间。

小宋特别喜欢打麻将，一有机会就会约上几个朋友玩，免不了有输有赢。当然啦，赢了时兴高采烈，输了就有点不舒服。

妻子通晓事理，不大赞成小宋这样，但并没有硬来。

一天，小宋打了几圈牌回来，输了点钱，有些闷闷不乐。妻子关切地让他休息，劝慰地说："你不要把打麻将看成赌博嘛，几个老朋友在一起玩，你把它看成一项娱乐活动好不好？娱乐总要消费，打保龄、去歌厅哪有不花钱的？输了钱，你就当雇了几个人陪你玩好了，反正你爱玩这个。"

小宋见妻子不但不埋怨自己，还有这样一番见解，不由乐了。

妻子又说："咱们现在没小孩，没什么家务事，周末你去放松玩一会儿没什么，但要健康娱乐，不要时间过长，七八圈就行了吧。以后工作忙了，家务事多了，你想玩都玩不成了。你其实挺有自制力的，注意点就行了，输赢无所谓，开心就行。"

妻子一番话，说得小宋很高兴。后来，他玩麻将的次数越来越少，瘾头渐渐也不那么大了。一旦玩的时候，想起妻子的话，非常放松，战绩也越来越好。工作忙起来，家里有了小孩之后，他一年也玩不了几回，小两口的日子过得甜甜蜜蜜的。

任何娱乐活动都要有个节制，妻子并没有跟小宋直接说，而是以宽容的见解让事情往好的方向发展。

在生活之中，爱人之间不过分地吹毛求疵。不计较，凡事留有回旋的余地，对微末枝节的小事不妨姑且放过，这是一个极好的处事信条。要知道，宽恕别人的错误，就是帮助别人改正错误；用以牙还牙、以血还血的态度处理事情，只能激化矛盾，闹得两败俱伤的结局。

说话用词需谨慎

词语是人说话的基本元素，用对了字词不仅能打动人心，同时更能带出行动，而行动的结果便是展现出另一种人生。马克·吐温说："恰当地用对字极具威力，每当我们用对了字眼……我们的精神和肉体都会有很大的转变。"

历史上许多伟大人物就是因为善于运用字眼的力量，大大地激励了当时的人们。当帕特里克·亨利站在 13 个州的代表之前慷慨激昂地说道："我不知道其他的人要怎么做，但就我而言，不自由，毋宁死。"这句话激发了几代美国人的决心，发誓推翻长久以来压在他们头上的苛政，结果造成燎原之火，美利坚合众国由此诞生。

美国一位伟人演讲道："当我们今天得以享受到充分的自由时，不要忘了独立宣言，虽然那没有几句话，却是 200 多年来所给予我们每个人的保障。同样地，当我们这些年致力于种族平等时，不要忘了那也是因为某些字眼的组合而激发出来的行动所致，请问谁能忘记美国马丁·路德金博士打动人心的那一次演讲。他说道：'我有一个梦，期望有一天这个国家能真的站立起来，信守它立国的原则和精神……'"

第二次世界大战期间，英国正处于风雨飘摇之际，有一个人的话激起了英国全民抵抗纳粹的决心，结果他们以无比的勇气挺过了最艰苦的时刻，打破了希特勒部队所向无敌的神话，这个人就是丘吉尔。

从某种程度上说，人类的历史就是由那些具有震撼力的语言推动的，然而却鲜有人知道那些伟人所拥有的语言力量也能够在我们的身上找到。这能改变我们的情绪、振奋我们的意志，乃至于我们有胆量敢于面对一切的挑战，使人生丰富多彩。

我们在跟别人说话时用词常常十分谨慎，然而却不留意自己习惯用的字眼，殊不知我们所用的字眼会深深影响我们的情绪，也会影响我们的感受。因此，如果我们不能好好掌握怎样用词，如果我们随着以往的习惯继续不加选择地用词，可能就会扭曲事实。譬如说当你要形容一件很了不起的成就时，用的字眼是"不错的成就"，那对你的情绪就很难造成兴奋的感觉，这全是因为你用了具有局限性的字眼所致。一个人若是只拥有有限的词汇，那么他就只能体验有限的情绪。反之若是他拥有丰富的词汇，那就有如手中握着一个可以调出多种颜色的调色盘，可以尽情来挥洒你的人生经验，不仅为别人，更可以为自己。

说话不要争强好胜

与人交谈时，有的人会把彼此的说话看成是一种竞赛。如果观点不一样，在他看来，就是在挑战，一定要分出个高下。如果一个人常在他人的话里寻找漏洞，常为某些细节争论不休，或常纠正他人的错误，借此向人炫耀自己的知识渊博、伶牙俐齿，那么他一定会给人留下深刻的印象，不过那是不好的印象。

为了与他人有更好的说话，这种竞赛式的谈话方式必须被舍弃。当你采用一种随性、不具侵略性的谈话方式时，别人就比较容易听进去，而不会产生排斥感。

只有说话，双方或多方才能知情，才能信息对称，进而达到认识一致，目标同一，同心同德。在说话中取得理解，在理解中形成共识，在共识的基础上实现统一，说话才能收到事半功倍的效果。

当和别人的立意或观点有冲突时，若是立刻反问，就等于完全不接纳对方；若与对方进一步讨论，实质上还是在挑战对方的建议，但对方的感受却会好很多。

如果说话时不得不对对方的立场提出质疑时，在提出问题之前一定要至少稍微解释一下，你为什么提出这样的问题。这样可使你的问题的尖锐性降到最低。

每个人的生活习惯有所不同，因为我们的家庭环境以及成长过程不尽相同。不要勉强别人来认同自己的习惯，同时，也要有体谅和宽容别人的习惯。

一对小夫妻经常为吃苹果发生口角。有一次，他们竟吵到邻居的老大爷家去断是非。

事情的起因是这样的：女的怕苹果皮上沾了农药有毒，一定要把果皮削掉；而男的则认为果皮有营养，把皮削掉太不可惜。

老大爷对女的说："你先生这么多年都吃没削皮的苹果，还好好的，并没死，你担心什么？"接着，老大爷又对男的说："你太太不吃苹果皮，你嫌她浪费，那你就把她削的苹果皮拿去吃掉，不就没事了！"小夫妻茅塞顿开。

很多时候，只要站在对方的角度想问题，推己及人，矛盾就会减少，生活也就会更加美满幸福。

与人争高下，你的名声将会受到损害。你的竞争对手会立即想尽办法挑出你的毛病，让你声誉扫地。许多人在与他人结为对手之前一直都有着良好的声誉，而一旦反目成仇，对方就会重新挖掘出深埋的耻辱以及过去的污名。人们的所作所为，除了徒然得罪他人，报一箭之仇以外，往往毫无益处。

尽量不与人争辩，巧妙地把事情做得妥帖，这才是高手。双方争得面红耳赤时，即使你胜利了，又有何益？

建筑师雷恩为西敏斯特市设计了富丽堂皇的市政厅。市长在二楼办公。但是，他担心三楼会掉下来，压倒他的办公室。于是，他要求雷恩再加两根石柱作为支撑，加固房子的结构。雷恩很清楚市长的恐惧是杞人忧天，但是，他还是建造了两根石柱。为此，市长感激万分。

多年以后，人们才发现这两根石柱根本没有顶到天花板。雷恩这位杰出的建筑师为了满足市长的要求，就按照他说的做了，并没有和他争辩。雷恩知道争辩是没有用的。实际上，多出来的两个柱子对雷恩的设计艺术也没有影响，相反，当人们看到这两根柱子的时候，更加赞赏雷恩了。

一个人的行动必须随着周围状况的变化而改变。争辩不能为自己赢得荣耀，反而会带来更大的损失。有些人表面上赞同你，实际上却在背后辱骂你。

争辩不能起到任何作用。当人们面红耳赤地争辩时，说起话来就会不管不顾，也忘了是否会伤害对方。如果和你争辩的人是多年的挚友，那么，为一时的争执而失去一个好朋友的损失就太大了。

　　你可能在年龄、地位、才能、经济状况等某一方面，比对方略胜一筹，这是很好的交际优势。但是，我们若在交际中胡乱使用交际优势，便会给交际造成障碍。

　　在人际交往中，不以自身的交际优势自居，时时处处表现出谦虚恭谨的美德，把自己放在与对方对等的位置，甚至甘愿坐下手位，势必会博得对方敬重，赢得对方好感。相反，占尽先机而后快的人往往为人们所不齿。

宽容是和睦之道

保持婚姻幸福的秘诀不是别的，就是宽容。宽容中包含着理解，同情与原谅，也就是最大限度地接受对方。夫妻之间不能不宽容，不可不宽容。宽容乃是夫妻和睦，婚姻美满的纽带，是爱心与信任的展示。夫妻关系离开了宽容，那是不可想象的。

理想中完美的人是不存在的，每个人都有自己的长处与短处，期望自己的配偶十全十美，那是不现实的。你既然深爱着你的配偶，就要包容他（她）的一切，既欣赏他（她）的优点，也要接纳和原谅他（她）的缺点。

所谓"宽容"，并不是指在大的原则问题上不讲是非，而是指在不出原则下的理解与谅解，是一种真正的爱。夫妻关系中宽容一分，婚姻就会美满一分。宽容是融化夫妻之间冰块的一剂良药。

乡村有一对清贫的老夫妇。有一天，他们想把家中唯一值点钱的一匹马，拉到市场上去换点更有用的东西。

老头子牵着马去赶集了。他先与人换得一头母牛，又用母牛去换了一只羊，再用羊换来一只肥鹅，又由鹅换了母鸡，最后用母鸡换了别人的一大袋烂苹果。在每一次交换中，他倒真还是想给老伴一个惊喜。

当他扛着大袋子在一家小酒店歇气时，遇上两个英国人。闲聊中，他谈了自己赶场的经过。两个英国人听得哈哈大笑，说他回去准得挨老婆子一顿揍。老头子坚称绝对不会。英国人就用一袋金币打赌，如果他回家未受老伴任何责罚，金币就算输给他了。于是，三人一起回到老头子家中。

老太婆见老头子回来了，非常高兴，又是给他拿毛巾擦脸，又是端水解渴，听老头子讲赶集的经过。老头子毫不隐瞒，全过程——道来。每听老头子讲到用一种东西换了另一种东西，他竟十分激动地予以肯定。"哦，我们有牛奶了"，"羊奶也同样好喝"，"哦，鹅毛多漂亮！""哦，我们有鸡蛋吃了！"最后听到老头子背回一袋已开始腐烂的苹果时，她同样不愠不恼，反而说："我们今晚就可吃到苹果馅饼了！"

结果，英国人输掉了一袋金币。

夫妻的恩爱、宽容是善待婚姻的最好的方式。充分理解对方的行事做法，不苛求不责怨，必然给对方以爱的源泉。

夫妻之间最重要的基础是宽容、尊重、信任和真诚。即使对方做错了什么，只要心是真诚的，就应该重过程重动机而轻结果，这样才能有家庭的和睦。

一位参加美国公共关系卡耐基训练班的学员，把宽容的原理运用到自己的家庭，使得家庭关系十分融洽。

一天，妻子请他讲出自己的 6 个缺点，以便成为更好的妻子。这位学员想了想说："让我想一想，明天早晨再告诉你。"

第二天一大早，学员来到鲜花店，请花店给妻子送 6 朵玫瑰，并附上一个纸条："我实在想不出你需要改变的 6 个缺点，我就爱你现在这个样子。"

当这位学员晚上回到家时，妻子站在门口迎接他，他感动地几乎要流泪。从此，他认识到宽容和赞赏的力量。

当你宽恕别人的时候，你就不会感到自己和别人站在敌对的位置。你宽恕别人，别人才有可能会原谅你，这是亘古不变的道理。

第八章　掌握说话的分寸和尺度

　　要掌握好为人处世的分寸，首先便是要掌握好说话的分寸和尺度，要学会根据不同的环境、不同的对象，说正确而恰当的话语。凡事三思而后行，使自己总能保持一种分寸感，就能使我们的语言恰到好处，这也有利于巩固和发展人与人之间的友好关系。

言之有度，拿捏说话分寸

说话要有分寸，分寸拿捏得好，很普通的一句话，也会平添几许分量，话少又精到，给人感觉深思熟虑。而说话的分寸决定与你谈话的对象、话题和语境等诸多因素的需要。换句话说，要言之有度。

有度的另一面则是"失度"，什么叫作"失度"呢？一般说来，对人出言不逊，或当着众人之面揭人短处，或该说的没说，不该说的却都说了。这些都是"失度"的表现。下面我们就简要介绍一些在谈话中禁忌的话题，接触这些话题容易导致谈话"失度"，产生不良效果。

（1）随意询问健康状况。向初次见面或者还不相熟的人询问健康状况，会让人觉得你很唐突，当然如果是和十分亲密的人交谈，这种情况不在此列。

（2）谈论有争议性的话题。除非很清楚对方立场，否则应避免谈到具有争论性的敏感话题，如宗教、政治、党派等易引起双方对立的话题。

（3）谈话涉及他人的隐私。涉及别人隐私的话题不要轻易接触，这里包括年龄、东西的价钱、薪酬等，容易引起他人反感。

（4）个人的不幸。不要和同事提起他所遭受的伤害，例如离婚或是家人去世等。当然，若是对方主动提起，则要表现出同情并听他诉说，但不要为了满足自己的好奇心而追问不休。

（5）讲一些不同品位的故事。一些笑话，应注意场合和对象，以免引起他人的尴尬和反感。

在人际交往中，谈话要有分寸，认清自己的身份，适当考虑措辞。哪些话该说，哪些话不该说，应该怎样说才能获得更好的交谈效果，是谈话应注意的。

　　同时还要注意讲话尽量客观，实事求是，不夸大其词，不断章取义。讲话尽量真诚，要有善意，尽量不说刻薄、挖苦别人的话，不说刺激、伤害别人的话。

当言则言，当止则止

　　能言善辩的人，不一定就是讲话滔滔不绝的人，其实在大多数场合中，无视别人感受，只顾自己夸夸其谈的人，并不讨人喜欢。而那些懂语言技巧、说话好、善于表达自己意思的人，他们的话也许不多，但往往都讲在最重要、最关键的时刻，适当的时候一句话就决定了事情的成败。怎样才能在关键时刻说出关键的话呢？这里面有许多的功课要修炼。

　　语言同文化、社会背景是相承又制约的，即：我们在传递信息的过程中，语言会受到不同社会和文化的影响，因此，要想使语言的运用达到最佳效果，就需要明辨各种社会及其文化对双方的影响。

　　人与人在进行交谈时，其言行举止都是在一定的社会和文化背景下进行的，这就要求所说的话要符合所谓的文化特色、社会规范或伦理准则。要做到这一点，并不是单纯地避免和克服与特定场合不协调、不适应的情况，更重要的是还要有意识地主动联系社会规范，并选择恰当的表达方式，从而使语言的表达功能达到最佳状态。

　　一般来说，社会环境、历史背景以及文化特征，往往会使语言具备除本身意义之外的附加意义和功用，从而对人际往来产生重大影响。因此，在使用具有"附加意义"的词语时，务必要特别小心谨慎，不要随意乱用，弄巧成拙。不同的民族有不同的文化特征，而不同的民族语言也是其不同文化特征的表现，因此，运用语言的时候一定要注意文化差异。

　　比如，谁都会对同事、朋友或邻居说："吃过饭了吗？""早啊，这是去哪儿呀？"人人都知道这是一种亲切的问候和招呼，然而在不同的民族文化里，却可能会引起误解或不快。倘若对欧洲人或美国人说"吃过饭了吗"，对方就会认为你要请他吃饭，当最终被人家发现你只是随口问候一声的时候，人家就会认为你这个人虚情假意、言不由衷，从此对你印象极差。"要多穿些衣服啊，别感冒了。"在我们听来这依然是一种关怀，可倘若你是对美国人说的，他们很可能理解为你是在指使他，会因此对你产生反感。

　　所以说，在与人交谈的时候，一定要对对方的社会、文化背景多多了解，这样一方面可以避免或克服某种不协调的情况，另一方面还可以有意识地运用其背景加强谈话效果。所谓"知己知彼"，对于谈话人物的了解，将使你充分掌握对方有兴趣的话题并维持说话过程的热络。面对初识者，选择的谈话内容可以从他的自我介绍中获得信息。

出口赞美也有尺度

世间没有绝对的对错好坏，凡事能够把握分寸，就是一种智慧。在夸赞别人这个问题上同样存在分寸拿捏不同，后果也不同的现象。如果赞美得当，那就是一种美德，但是不得当的赞美成为阿谀，难免遭人轻视。把握赞美的分寸十分重要。赞美能赢得友谊。赞美如花香，芬芳而宜人，能以赞美之言予人者，必得人缘，所以与人相处，最重要的就是赞美。尤其当一个人灰心的时候，一句鼓励的话，能令他绝处逢生；当别人失望的时候，一句赞美的话，能使他重拾信心。要想获得友谊，诚心地赞美别人，必定能如愿。

莎士比亚说过："我们得到的赞扬就是我们的工薪。"从这个意义上说，每个人都是别人"工薪"的支付者。你也应该慷慨地把这种"工薪"支付给你的朋友。我们平时听到的最多的牢骚是什么？不是"太累了"或"太苦了"，而是"干了这么多，谁也没有说个好字"。这类似的牢骚很能说明一个问题，即人们需要得到"工薪"，而应付"工薪"的人又太吝啬了。有人说，赞扬是一笔投资，只需片刻的思索就能得到意想不到的报酬。这话有些道理，但似乎又含有太多的实用主义的味道。赞扬不应该仅仅为了报酬，它还是沟通情感、表示理解的方式，如同微笑一样，也是照在人们心灵上的阳光。

马克·吐温说："靠一句美好的赞扬我们能活上两个月。"这里所说的赞美，是指诚心诚意、真真实实的赞美，而不是虚伪的应酬话，也不是言不由衷的阿谀之辞。

阿谀会遭人轻视。做人要"日行一善"，其实日行一善并不难，赞美别人也是一善。但赞美不同于阿谀，阿谀是一种虚伪的奉承，所谓"好阿谀则是非之心起"，所以做人宁容谏诤之友，勿交阿谀之人，被人批评不可怕，受人阿谀才可畏。有的人赞美不当，成了逢迎拍马、阿谀奉承，也会受人轻视，因此做人不要阿谀谄媚，也要避免不当的赞美。

　　赞美和阿谀最大的区别在于出发点的不同。赞美一般是符合客观实际情况的，而阿谀往往是夸大其词。在日常交际中，要多一些真心诚意的赞美，少一些阿谀，这样最终会给你带来好名声。

奉承不是无穷无尽的

　　1671年5月，伦敦发生了一起举世震惊的盗窃案，一伙盗贼潜入伦敦市郊马丁塔，想要抢走英国的"镇国之宝"——国王皇冠。因消息走漏，盗贼被擒。英王查理二世得知此事，非常震惊，决定亲自审问这些胆大包天的狂妄之徒。于是，罪大恶极的首犯布勒特被押到了国王面前。查理二世看着眼前这位其貌不扬的人，心中暗想：我倒要看看此人究竟有何能耐，居然敢盗国宝，想到这里，便开口问道："听说你还有男爵的头衔？""是的，陛下。"布勒特老实地回答。"我还听说你这个头衔是诱杀了一个叫艾默思的人而得来的。""陛下，我只是想看看他是否配得上您赐给他的那个高位，要是他轻而易举地被我打发掉，陛下就能挑选一个更适合的人来接替他。"查理二世沉思了一会儿，觉得布勒特不仅胆大包天而且口齿伶俐。于是又厉声问道："你胆子越来越大，竟然敢来盗我的王冠？""我知道我这个举动太狂妄了，但是，陛下，我只是想以此来提醒您关心一下我这个生活无依无靠的老兵。""哦？什么？你并不是我的部下。""陛下，我从来不曾对抗过您，现在天下太平，所有的臣民不都是您的部下？我当然也是您的部下。"说到这里，查理二世觉得布勒特更像是个无赖，"那你说吧，该怎么处理你？""从法律的角度说，我们应当被处死。但是，我们五个人每一位至少会有两位亲属为此而落泪。从陛下您的角度看，多十个人赞美总比多十个人落泪好得多。"查理二世没有想到他会如此回答，接着又问："传说中你是个劫富济贫的英雄，你觉得自己是个勇士还是懦夫？""陛下，我没有一个地方可以安身，到处有人抓我，去年我在家乡搞了一次假出殡，希望大家以为我死了而不再追捕我，这不是一个勇士的行为。因此，尽管在别人面前我是个勇士，但在陛下的权威面前我是个懦夫。"这番强词夺理的辩解竟然让查理二世大悦，最后竟赦免了布勒特。人总是喜欢别人奉承的。有时，即使明知对方讲的是奉承话，心中还是免不了会沾沾自喜，这是人性的弱点。一个人受到别人夸赞，绝不会觉得厌恶，除非对方说得太离谱了。

当一个人听到别人的奉承话时，心中总是非常高兴，脸上堆满笑容，口里连说："哪里，我没那么好，你真是很会讲话。"即使事后冷静地回想，明知对方所讲的是奉承话，却还是抹不去心中的那份喜悦。因此，说奉承话是与人交际所必备的技巧，奉承话说得得体，会使你更讨人喜欢。奉承别人首要的条件，是要有一份诚挚认真的态度。言辞会反映一个人的心理，因而有口无心，或是轻率的说话态度，很容易让对方产生不快之感。奉承别人时也不可讲出与事实相差十万八千里的话。例如，你看到一位表情呆滞的孩子，却对他的母亲说："你的小孩看起来很聪明。"对方的感受会如何呢？本来是奉承话，却变成很大的讽刺，收到了相反的效果。若你说："哦。你的小孩子好像很健康。"效果就会好些。所以，奉承别人要坦诚，这样，你所说的奉承话，才会成为真正夸赞别人的话，对方听在耳中，感受自然和听一般奉承话不同。

把握好说话的火候

把握说话的火候，主要就是把握说话的分寸。说话的分寸把握，我们在上文中已经讲了不少，现在着重讲一下在社交场上，如何在自己的上司面前说话。这是人际关系中一门重要的学问，但如果我们能很好地把握好与上司说话的火候，前程与事业上的一些难题，自然会迎刃而解。

生活中，我们有时在领导面前说错了话，虽不至于掉脑袋，但后果却也会很糟糕。

俗话说，伴君如伴虎。上司毕竟不像一般同事。何况一般同事之间也应该注意分寸，说话不能太无所顾忌。与领导相处，就更应该注意，平时说话交谈、汇报情况时，都要多加注意。特别是一些让领导不快的话，就更要小心把握。如：

"不行吗？没关系。"这话是对领导的不尊重，缺少敬意。退一步来讲，也是说话不讲方式方法，说了不该说的话。

"无所谓，都行。"这句话会让领导认为你感情冷漠，不懂礼节。

"您不清楚。"这句话就是对熟悉的朋友也会造成很大的伤害，对领导说这样的话，后果更加严重。

"有劳了。"这句话本来应该是上级对下级表示慰问或犒劳时说的，下级对上三级说则不合适。不小心说错了话如何补救呢？在领导面前说错了话，一旦反应过来，要立即就此打住，马上道歉。不要因害怕而回避，应面对事实，尽量避免伤害对方的人格和面子，必要时可以再进行说明，而不必要的辩解只会越描越黑。

不经意地说："太晚了。"这句话的意思是嫌领导动作太慢，以至于快要误事了。在领导听来，肯定有"干吗不早点"的责备意味。

"这事不好办。"领导分配工作任务下来，而下级却说"不好办"，这样直接地让领导下不了台，一方面说明自己在推卸责任，另一方面也显得领导没远见，让领导没有面子。

"您真让我感动。"其实，"感动"一词是领导对下级的用法，例如说："你们工作认真负责不怕吃苦，我很感动。"而晚辈对长辈或下级对上级用"感动"一词，就不太恰当了。尊重领导，应该说"佩服"。例如："经理，我们都很佩服您的果断。"这样才算比较恰当。

另外，过度客气有时反而会招致误解。和领导说话应该小心谨慎，顾全大体。但顾虑过多则适得其反，容易遭受误解。所以应该善于妥善处理，以平常心去应付，习惯成自然，对这类情况就可以应付自如了。如果想克服胆小怕事的心态，有时越是谨慎小心，反而越容易出错，而一旦被上司误认为没有魄力，自然就得不到重用。

不要执着于分歧

　　一家化妆品公司的推销员去拜访一位老客户，没想到客户主管一见到推销员就说："你怎么还好意思来推销你们的产品？"

　　这句话把推销员说愣了。经过询问，推销员才明白，原来，客户主管认为他们刚购进的化妆品并不适合北方人的肤质，而此化妆品正是这位推销员推荐的。

　　推销员很快镇定下来，微笑着说："其实我和您的观点一样，如果这批化妆品不适合北方人保湿的要求，那你们就会退货，对不对？"

　　"是的。"

　　"按照北方的气候，化妆品保湿效果应该在 12 小时左右，对不对？"

　　"是的，但是在使用你们的化妆品后，不到 10 个小时，实验模特的脸就有紧绷的感觉了。"

　　推销员没有马上为自己辩解，只是问了一个问题："这个房间的温度是多少度？"

　　"我们的空调室温设定在 24℃。"

　　"房间因为加装了空调又没有开窗，几乎处于全封闭环境中，空调房间的湿度比一般室外的温度还要低，是这样吗？"

　　客户主管点点头。

　　推销员继续说："我们这一款产品，所设定的保温度是在常温状态下对皮肤所起的保温作用，不同的温度环境下肯定有一点差别，但并不代表我们的产品没有做到 12 小时的保湿效果。"

　　客户主管听后，便恍然道："你说得有道理。"

　　最后，双方的合作不但没有终止，这位客户主管还追加了一批货物。

如果推销员一味强调自己的产品多么好，产品没有达到效果，那是你们的环境所致，和产品的质量没有关系，这样说肯定会引起对方的愤懑和争辩。相反地，推销员通过引导，让对方承认产品没达到效果是因为他们的使用环境不合适，这就能顺利地引导对话向良性的方向发展。

在说话过程中，最基本的一条原则就是求同存异。所谓求同就是追求共同目标，有共同喜好。所谓存异就是指在某些问题上，如果双方观点不能达成一致，应该允许对方拥有不同观点，保留自己的意见，而不是强求对方接受自己的观点。

在生活中，两个性格相投的人很容易成为好朋友，可是即使关系很融洽，希望成为亲密无间的好友也很难。原因何在？这是因为人心是非常复杂的，人与人即使意气相投，也不可能透彻地了解和理解对方。因为每个人都是独立存在的"这一个"，由于生活环境、知识、人生阅历的不同，必然产生差异，观点不可能完全相同。即使是同一个人，脾气也会随着外界环境的变化而改变，更不用说是两个人了。

希望成为好朋友，百分之百地了解对方是不可能的，所以要懂得包容，给别人一定的空间，学会求同存异，不要搞那种"一对一"的交往。与朋友相处，应该坦诚相见，求同存异。不能要求朋友完全按照自己的思维方式去思考或办事，也不能要求朋友和自己有完全相同的兴趣爱好。实际上，正是因为性格、爱好的不同，才能够相互吸引，互相学习。如果我们处处强求对方和自己一致，只会造成对立。只有相互尊重、相互理解，才能使友谊更稳固、更持久。

有时候，朋友之间难免会发生争执。我们在谈话的时候，应该注意，尽量不要把谈话的重心放在"异"上，而应该放在"同"上。

与别人交谈，不要先讨论你们观点不同的一面，而是应该不断强化与对方相同的一面。这样才能接近彼此的距离，达到你的目的。

人与人说话的过程中，不管双方的分歧有多大、矛盾有多深，总会有一些共同语言、利益以及愿望，等等。一个人要会利用这些共同点，创造出"是"的局面，心平气和地与人讨论，这才是可遵循的交友之道。当你承认别人"是"的时候，对方就处于放松的状态中，这种状态可以让对方冷静地权衡事实，接受你的意见。

在人际说话中，不管是与关系很好的朋友，还是初次见面的陌生人，都应该坚持以求同存异的原则进行说话。这是对别人的尊重，也是给自己带来好人缘的重要方法。懂得了这一点，你在人际说话中就能够如鱼得水，游刃有余，灵活自如地处理各种人际关系。

公司的经营者通常会欣赏和重用任劳任怨、负责尽职的员工；而对满腹牢骚、得过且过的员工，经营者则不重用并感到头痛，甚至想把这样的员工辞掉。而曾任本田公司副总经理的西田通弘则反对把后者开除。他认为上上之策是：一方面容忍，一方面要尽力把不满情绪减至最低程度。

他举了这样一个例子来说明他的观点。

森林并非整整齐齐只栽种一种树木。一个茂密完整的森林必定包括五六十公尺高的挺拔大树、三十公尺左右的次高树木、一二十公尺的低矮的树木以及杂草等。假如只栽种挺拔的大树，把矮树与杂草全都铲除的话，留下来的大树就会逐渐衰弱，最后枯黄死亡。同样的道理，如果把不合己意的异议分子开除的话，就像在森林里铲除矮树与杂草一样，企业就难以长久地发展。

人的弱点之一就是希望别人欣赏、尊重自己，而自己又不愿意去欣赏和尊重别人。人是非常容易看到别人的缺点而很难看到别人的优点，我们必须克服这些人性的弱点。客观地观察别人和自己，你会惊奇地发现，原来自己还有许多不足，而身边的人都有值得你学习、借鉴的地方。我们不能因为别人有一点比你差的缺点就去否定别人，而应该因为别人有一点比你强的优点而去欣赏和尊重别人，肯定别人。

用欣赏人、尊重人的方式去处理人际关系有许多好处：其一，成本最低，不用花费金钱去请客送礼，不用伪装自己去浪费感情；其二，风险最低，不必担心当面奉承背后忍不住发牢骚而露馅，不必担心讲假话，提心吊胆，梦寐不安；其三，收获最大，因为你能真心尊重和欣赏别人，你便会去学习别人的优点去克服自己的弱点，使自己不断地完善和进步。

人与人之间往往由于经历、立场等方面的差异，对同一个问题，会产生不同的看法，当同事之间因为工作原因发生分歧时，千万不要过分争论，不能强求他人接受你的观点。面对问题，特别是在发生分歧时要努力寻找共同点，争取求大同存小异。

人与人说话的过程中，不管双方的分歧有多大、矛盾有多深，总会有一些共同语言、利益以及愿望，等等。一个人要会利用这些共同点，创造出"是"的局面，心平气和地与人讨论，这才是可遵循的交友之道。

恰当的称呼很重要

称呼是指人们在正常交往应酬中，彼此所采用的称谓语。在日常生活中，称呼应当亲切、准确、合乎常规。正确恰当的称呼，体现了对对方的尊敬或与对方的亲密程度，也反映了自身的文化素质。

在社交中，人们对称呼是否恰当十分敏感。尤其是初次交往，称呼往往影响交际的效果。有时因称呼不当会使交际双方发生感情上的障碍。不同年龄、不同国家、不同地区、不同社会集团之间都有不同的称呼。

有时候，称呼别人不是为了满足自己，而是为了满足别人。遇到一位朋友，最近被提升了主任。当时就应先跟他打招呼："×主任，真想不到能在这儿见到你。"如果他听到你跟他这样打招呼，就会显得格外高兴，忙跑过来和你并肩坐。虽然平时他是个不大健谈的人，但那天却会显得很健谈。

瑞典国王卡尔·哥史塔福访问旧金山，一位记者问国王希望自己怎么被称呼。他答道："你可以称呼我为国王陛下。"这是一个简单明了的回答。

称呼不仅仅是一种礼貌，不论我们如何称呼人，这其中最主要的是要传达这样的意思："你很重要""你很好""我对你很重视"。

使用称呼还要注意主次关系及年龄特点。如果对多人称呼，应以先长后幼、先上后下、先疏后亲的顺序为宜。如在宴请宾客时，一般以先董事长及夫人，后随员的顺序为宜。在一般接待中要按女士们、先生们、朋友们的顺序称呼。使用称呼时还要考虑心理因素。如有的30多岁的人还没有结婚，就称为"老张、老李"，会引起他的不快。对没有结婚的女人称"太太、夫人"，她一定很反感，但对已婚的年轻女性称"小姐"，她一定会很高兴。

此外，称呼应该根据社会习惯来进行，例如称呼一般分为职务称：姓名称、职业称、一般称、代词称、年龄称。职务称：经理、科长、董事长、医生、律师、法官、教授等；姓名称：一般以姓或姓名加"同志、先生、女士、小姐"等；职业称：是以职业为特征的称呼，如上厨同志、秘书小姐、服务小姐等；一般称：太太、女士、小姐、先生、同志、师傅等；代词称：用代词"您""你们"等来代替其他称呼；年龄称：主要是以亲属名词"大爷、大妈、伯伯、叔叔、阿姨"等相称；对工人：比自己年龄长的可称"老师傅"，与自己同龄或小于自己的人可称"同志、小同志、师傅、小师傅"；对农民：比自己年长的可称"大伯、大娘、大妈"，与自己同龄或小于自己的人可称"同志"，在北方也可称"大哥、大姐、老弟、小妹"等；对经济界人士：可用"先生、女士、小姐"等相称，也可用职务相称，如"董事长、经理、主任、科长"等；对知识界：可以用职业相称，如教授、老师、医生（大夫），还可以用"先生、女士、太太"等相称；对文艺体育界：可用职务称，如"团长、导演、教练、老师"等，对于一般的演职员、运动员，就不能称"××演员"或"××运动员"，而要称呼"××先生"或"××小姐"。

最后对自己的亲属，一般应按约定俗成的称谓称呼，但有时为了表示亲切，不必拘泥于标准的称谓。但对外人称呼自己的亲属，要用谦称。称自己长辈和年龄大于自己的亲属，可加"家"字，如"家父""家母""家兄"等。称辈分低的或年龄小于自己的亲属，可加"舍"字，如"舍弟""舍妹""舍侄"等。至于称自己的子女，可称"小儿""小女"等。

恰当的称呼是人际关系的关键，正所谓"各就其位，再行言谈"。方能事半功倍。

处理尴尬有分寸

在交际过程中，难免会遇到一些尴尬的事情，让气氛骤然紧张、难堪，学会给对方一个"台阶"下，不仅缓和了对方的紧张心理，让事情得以顺利发展，而且还会让彼此的关系得到进一步的增进。要达到这样的目的，我们不妨学习使用以下的三种技巧。

1. 变换谈话的气氛

在一个严肃的场合，在场者常常会被一两件突发事件搞得哄堂大笑，这严重破坏了严肃场合的庄重气氛，不利于活动的继续推进。面对这类突发事件，我们应当表现出较强的自制能力，尽量不受其影响，以正常状态下的严肃态度来应付此事，使之成为正常环节中的普通一环。

第二次世界大战期间，一位德高望重的英国将军举办一次祝捷酒会。除上层人士之外，将军还特意邀请了一批作战勇敢的士兵，酒会热烈隆重。没料想一位从乡下入伍的士兵不懂规矩，捧着面前的一碗供洗手用的水喝了，顿时引来达官贵人、夫人小姐的一片讥笑声。那位士兵一下子面红耳赤，无地自容。

此时，将军慢慢地站起来，端着自己面前的那碗洗手水，面向全场贵宾，充满激情地说道："我提议，为我们这些英勇杀敌、拼死为国的士兵们干了这一碗。"言罢，一饮而尽，全场为之肃然，气氛一下变了过来。少顷，人人均仰脖而干。此时，士兵们已是泪流满面。

2. 变换话题的角度

在许多情况下，面对尴尬下不来台是因为思维框定在正常的状态之中，这对事态的发展毫无作用。如果我们换一种角度对其尴尬的举动做出巧妙、新颖的解释，便可使原本的消极举动具有了另外的内涵和价值，成为符合常理的行动。

有一次全校语文老师来听王老师讲课，校长也光临"指导"，这下可使小王犯难了。他既怕课讲得不好，又担心有的学生回答时成绩不佳，有失面子。课上，他重点讲解了词的感情色彩问题。在提问了两位同学取得良好效果后，接着提问校长公子："请你说出一个形容×××的美丽的词或句子。"

或许是课堂气氛紧张，或许是严父在场，也可能兼而有之，这位公子一时为难，只是站着。

空气凝固。王老师和校长都现出了尴尬的脸色。很快，这位老师便恢复正常，随机应变地讲道："好，请你坐下，同学们，这位同学的答案是最完美的，他的意思是这个人的美丽是无法用文字和语言来形容的。"

3. 变换对方的处境

突然间发现别人的失误或错误行为，但当这些失误或错误行为不会导致重大的损失出现时，我们应尽量克制自己的情绪，以平静如常的表情和态度装作不解对方举动的实际意图和现实后果，并且给对方找到一个善意的动机，变换对方的处境，让事态的发展朝自己所希望的方向推进，以免把对方逼到窘迫的境地。

一天中午，汪老师路过学校后操场时，发现前两天帮助搬运实验器材的几位同学正拿着一枚实验室特有的凸透镜在阳光下做"聚焦"实验。他想：他们哪来的透镜？难道是在搬运时趁人不备拿了一枚？实验室正丢了一枚。是上去问个究竟，还是视而不见绕道而去？这时，一位同学发现了他，其余的慌忙站了起来，手拿透镜的同学显得很不自在。汪老师从同学们慌张的神情中可以进一步判断这透镜的来历。汪老师快速地构思，终于想出一条处理办法，他笑着说："哟，这枚透镜原来被你们找到了。"凝固的空气开始流通起来。接着他用略带感激的语调补充道："昨天我到实验室准备实验器材，发现少了一枚透镜，以为是搬运过程中丢失了，沿途找了好几遍都未能找到，谢谢你们帮我找到了这枚透镜。这样吧，你们继续做实验，下午还给我也不迟。"同学们轻松地点了点头，空气依旧是那么温暖，那么清新。

热情太过犹不及

这就是热情过度的典型案例。外国人所注重的"关心有度"中的"度"，实际上就是其个人自由。一旦当对方的关心有碍其个人自由，即被视为"过度"之举。所以，尽管服务员满腔热情地为客人提供服务，但客人不仅不领情，反而流露出厌烦或不满的情绪。

"热情有度"，是涉外礼仪的基本原则之一。人们在参与国际交往，直接同外国人打交道时，不仅待人要热情而友好，更为重要的是，要把握好待人热情友好的具体分寸，否则就会事与愿违，过犹不及。

太热情了也不好，因为凡事都应有个度。人是有差别的。有的人喜欢跟热情的人交流，有的人却不喜欢跟太热情的人打交道，这是跟人的性格有关的。

与对方不是很熟悉的话，不要表现得太过热情，太过热情了反而可能让对方觉得有点儿假。

初入社交圈中的人常犯的一个错误就是"好事做到底"，以为自己全心全意为对方做事会关系融洽、密切。然而，事实上并非如此，因为人不能一味地接受别人的付出，否则心理会感到不平衡。"滴水之恩，涌泉相报"，这也是为了使关系平衡的一种做法。

如果好事一次做尽，使人感到无法回报或没有机会回报的时候，愧疚感就会让受惠的一方选择疏远。好事不应一次做尽，这是平衡人际关系的一个重要准则。

如果你想帮助别人，而且想和别人维持长久的关系，那么不妨适当地给别人一个机会，让别人有所回报，这样才不至于因为让对方内心的压力过大而疏远了你们的关系。

冬天来了，天气变得越来越冷。森林中有十几只刺猬冻得直发抖。为了取暖，它们想到了几种方法。

第一种方法是它们紧紧地靠在一起，但却因为忍受不了彼此的长刺，很快就各自跑开了。第二种方法是围着火堆取暖。它们点起火堆，但由于彼此离得太远，火堆很快被风吹灭了。

天气越来越冷了，它们又想要靠在一起取暖。然而靠在一起时的刺痛，使它们又不得不再度分开。就这样反反复复分了又聚，聚了又分，不断在受冻与受刺的两种痛苦之间挣扎。

最后刺猬们终于找出了一个适中的距离，既可以相互取暖，又不至于被彼此刺伤。

孔子一生非常注重与人的交往，也很注重交友原则。孔子认为，交友太过疏远和太过亲密都不是最佳状态，也就是所谓"过犹不及"。

画家郑板桥在交结朋友方面很注重交情，同时也与朋友亲疏有度，保持恰当的距离，对朋友去留、结交和散伙都顺其自然，所以他深受文人雅士推崇。君子之交，应重在心灵的交流。朋友之间的交流应"淡而不断"。交往过密便有势利之嫌，而断了"交往"，时间便会无情地冲淡友情。

中国有句老话："君子之交淡如水。"结朋交友，亲疏有度，是一种健康有益的交友态度。太亲近了，会使人觉得为友所累，让朋友觉得自己是个负担；而太疏远了，又会使朋友感到形同陌路，失去了作为朋友的本来意义。

交友的最佳状态就是掌握亲疏的尺度，在若有若无间体会交友的乐趣，领悟甘苦参半的人生真谛。

凡是与人做过交易的人都知道，无论是大的买卖还是一件地摊货的交易，如果买卖双方不是你情我愿、相对买卖公平是很难成交的。特别是作为销售方，在买方快要跟你达成购买协议的那一刻，你一定要沉得住气，最好装得不太在意这桩买卖。你越是平静，越是能顺利地完成交易，越是能促成买方的购买行动。

假如销售方在此环节表现得眉飞色舞或者很急迫，特别是对买方异常地热情的话，往往会弄巧成拙，让买方心里不安。

这买卖之间就是个斗智斗勇的"博弈"，所以，无数销售谈单技巧和实践经验告诉我们一个亘古不变的真理：促成环节切忌画蛇添足。

此时此刻，业务员就是要不该说的不说，不该问的不问，不该谈的不谈，不该做的不做。就是价格谈成了，也要小声地说出来，免得刺激卖家的心痛感而跑单。

开玩笑要注意环境和对象

几个好朋友聚在一起时，大家开开玩笑，相互取乐，说话不受拘束，原是一件让人高兴的事。不过凡事有利也有弊，乐极生悲，因开玩笑而使朋友不快的事情也常常发生。因此，有的人认为谈话时开玩笑应该避免，这是大可不必的。如果在好朋友见面连开玩笑的话也不许说，那么生活也未免太乏味了。所以，生活中我们真正要注意的开玩笑的方法，即不开过头的玩笑。

那么，开玩笑之前，先要注意所面对的对象是否能受得起玩笑。一般来讲人可分为三类：第一种，狡黠聪明。第二种人，敦厚诚实。第三种，则介乎两者之间。对第一种人，即狡黠聪明的人开玩笑，他是不会让你占便宜的，结果是旗鼓相当，不分高下。第二种，敦厚诚实者，则无还击之计，亦无抵抗之力，这种人喜欢和大家一齐笑，任你把他取笑，他脾气绝好，不会动怒。唯有介乎两者之间的那种人，最应认真对待。这种人大概也爱和别人笑在一起，但一经别人取笑时，既无立刻还击的聪明机智，又无接纳别人玩笑的度量，如果是男的则变为恼羞成怒、反目不悦，如果是女的就独自痛哭一场，说是受人欺侮。所以开玩笑之前，要先认清对方，最为安全。其次，要适可而止。开玩笑，一两句说过便完了，不要老是开一个人的玩笑，也不要连续开好几个人的玩笑，不然你必招来非议。

开玩笑本来是一种调解谈话气氛的良好方式，但使对方太难堪了，亦非开玩笑之道。同学考试不及格，朋友怕老婆，亲戚做生意上了当而蚀本，同伴在走路时跌了跤……这些都是需要同情的事件，你却拿来取笑，不仅使对方难于下台，且表现出你的冷酷。同样，不可拿别人生理上的缺陷来做开玩笑的资料，如斜眼、麻面、跛足、驼背，等等。别人不幸的，应该给予同情才是。如果在谈话的人中，有一位在生理上有缺陷，那么最要避免易使人联想到缺陷方面去的笑话。

例如：有一天，几个同事在办公室聊天，其中有一位李小姐提起她昨天配了一副眼镜，于是拿出来让大家看看她戴眼镜好看不好看。大家不愿扫她的兴都说很不错。这时，同事老王因此事想起一个笑话，便立刻说出来：有一个老小姐走进皮鞋店，试穿了好几双鞋子，当鞋店老板蹲下来替她量脚的尺寸时，这位老小姐是个近视眼，看到店老板光秃的头，以为是她自己的膝盖露出来了，连忙用裙子将它盖住，立刻她听到了声闷叫。"混蛋。"店老板叫道，"保险丝又断了。"

接着是一片哄笑声，谁知事后竟从未见到李小姐戴过眼镜，而且碰到老王再也不和他打一声招呼。

其中的原因不说自明。说者无心，听者有意，在老王来想，他只联想起一则近视眼的笑话。然而，李小姐则可能这样想：别人笑我戴眼镜不要紧，还影射我是个老小姐。

所以，说笑话要先看看对哪些人说，先想想会不会引起别人的误会。像上例老王严重地伤了一个人的自尊，却是他始料不及的。

不做无意义的争辩

在社交过程中，每个人都会遇到不同于自己的人，大至思想、观念、为人行事之道不同，小至对某人、某事的看法与评判不一致。这些程度不同的差异可能会转化成人与人之间的争执与辩论，任何独立的，有主见的人都应正视这个问题。

留心我们的周围，争辩几乎无所不在。一场电影、一部小说能引起争辩，一个特殊事件、某个社会问题能引起争辩。甚至，某人的发式与装饰也能引起争辩。而且往往争辩留给我们的印象是不愉快的，因为他的目标指向很明白：每一方都以对方为"敌"，试图以一己的观念强加于彼。

其实，这种辩论不适合个人与个人之间，而如果是用于团体，像辩论会似的，又应另当别论。比方说：由于最近发生的某个社会问题而引起两者间争论，最后，虽然是因为你用某某事件或理论来证明你的意见是正确的，你也通过争论的手段达到了胜利的目的，而他也已哑口无言了，但你却万万不可忽略了这一点，他不一定会放弃他的思想。

因为，他在心里所感觉到的，已经不是谁对与谁错的问题，而是他对于你驳倒他，怀恨在心，因为他的自尊心扫地了。

这样看来，你虽然得到了辩论的胜利，但和那位朋友的友情，却从此一刀两断。比较之下，你会不会觉得，当初真是有欠考虑，仅仅为了辩论的胜利，而得罪了一个朋友——如果那位朋友气量小，说不定他正在伺机报复呢！

有些人在和朋友翻脸之后，明知大错已铸成，也故作不后悔状，还经常这样认为："这样的朋友不要也罢。"其实这样对你又有什么好处？而坏处却很快可以看到，因为和别人结上怨仇，你就少了一位倾吐心事的人。

仅争一时的口舌之胜，而全没有实际利益的获取，在经商活动中更是大忌。这种现象我们应该尽一切可能去避免。

在争辩过程中，我们应该清楚以下几个事项：

（1）这次争辩的意义。如果是一些根本就很不相干的小事情，我们还是避免争论为妙。

（2）这次争辩的欲望是基于理智还是感情上（虚荣心或表现欲等）？如果是后者，则不必争论下去了。

（3）对方对自己是否有深刻的成见？如果是的话，自己这样岂不是雪上加霜？

（4）自己在这次争论当中究竟可以得到什么？究竟又可以证明自己的什么？

心理学家高伯特曾经说过："人们只在不关痛痒的旧事情上才'无伤大雅'地认错。"这句话虽然不胜幽默，但却是事实。由此，也可以证明：愿意承认错误的人是少的——这就是人的本性。

好，现在就让我们姑且认为这次争论是一次积极争论，也就是说，它值得我们去争论。但是在这过程中，我们仍需时时把握住自己。因为在争论中最容易犯的毛病，就是常常自己认为自己的观点才是世界上最正确的，只顾阐述自己的观点，而忽略了要耐心诚意地去听取别人的意见。

这就往往可以使善意的争论变成有针对性的争论。需要强调一下，这种现象是很危险的，也很常见。因为即使最善意的争论，也是由于双方的观点有分歧引起的，所以，在一开始，双方就是站在对立的立场上，对于对方的论点，根本就会采取一种缺乏分析的态度，而一味地表述自己的看法。

这样，争论过程中就难免有情绪激动，面红耳赤，甚至去翻对方的陈年老底。所以，当双方都各执己见，观点无法统一的时候，自己应该会把握自己，把不同的看法先搁下来，等到双方状态较冷静的时候再辨明真伪。也许，等到你们平静的时候，说不定会相顾大笑双方各自的失态呢。

　　而当你胜利的时候，你也应该表现出自己的大将风度，不应该计较刚才对方对你的态度。争辩是一件事，而交情又是一件事，切切不可混为一谈。但他向你认错的时候，也万万不该再逼下去，以免对方恼羞成怒。

　　结束后，你也应该顾及对方的面子，可以给对方一支烟或是一杯茶，抑或是向他求索一点小帮忙，这样往往可以令他重返愉快的心理。

　　人性其实都是脆弱的，易被击垮但也易抚平，关键在于你的一两句话，可以起到平衡心理的作用。

　　感情是人的优点，但同时也是弱点，利用这种优点，去进行应酬，往往可达到事半功倍的效果。不信，你可以试一下。

要安慰，就请"走心"

没有哪个人的生活是可以生来一片坦途，一帆风顺的，总有些挫折与不如意。马云和刘强东这样的人也不可能事事顺利。也没有人能够从不失望，从不失败。从这个角度讲，每个人都有需要安慰的时候。

面对一个伤心的人，我们通常的做法是：讲一大堆的好话，让事情听起来不需要那么悲观。但是，讲套话的结果往往不尽如人意，因为你刚一开口，他可能就意识到你怎么说了。安慰人是每个人都会遇到的事，但懂得如何安慰别人的人却并不多。安慰要讲究正确的方法，倘若安慰没有技巧，你说的话就会取得相反的效果，会把被安慰的对象搞得更加伤心。

网上有句话说得好：要安慰，就请"走心"！"走心"是一种态度，也是一个需要学习的技巧。要明白对方最需要的是什么，我们的安慰才能收到积极的效果。

不把对方装进心里的安慰，会造成更大的伤害

所谓把对方装在心里，简单来说，就是要具有同理心，和他感同身受。或许他的问题在你眼中都不算是一个"问题"，但对他来讲却是一地鸡毛，是不好收场的一个问题。这反映了人与人的抵抗压力、解决问题的能力是有差别的。在这种情况下，你要做的不是嘲笑、轻视，而是置身于对方的处境，用心会体会对方的感受。

坦率地讲，现实中有些人的安慰就像是表演，只是为了表达"我在乎你""你伤心的时候我在现场"，但有没有给对方贴心的抚慰，这就不好说了。有时错误的安慰，往往是因为没有"共情"，把别人的苦恼看得不以为然，才会让别人觉得你说的话"没有温度"，甚至起到了相反的效果。

如果你向朋友讲述工作上的不如意，朋友淡淡地回复："谁的工作都有不如意。"如果你向朋友述说被人误解的委屈，朋友冷静地表示："谁活着还能不受点儿委屈呀？"如果你向朋友抱怨投资失败，朋友豁达地表示："投资嘛！有输有赢很正常。"你将做何感想？我们不能说朋友讲得不对，但就是没有说到你的心里去。这种安慰看似正确，实则容易起到逆反的作用，让被安慰者从对自己境遇的伤心又变为对朋友的愤怒——你会觉得他在嘲讽你的抗压能力。换成别人，他们也会这么想。

安慰中最糟糕的事情就是贸然替对方拿主意

我的一位朋友曾经看到他的部门有一个年纪轻轻的男孩整天唉声叹气，工作没有精力，好像在混日子。他就过去劝慰他，对其行为嗤之以鼻，说："我想不通为什么你年纪轻轻就学林黛玉，这么无精打采的！"他还要求这个年轻人每天要笑一笑，不要消极度日，年纪尚轻的好时候就应该充满朝气。

过了几天朋友才知道，那个年轻人是中度抑郁。因为最后一位亲人刚刚离世，他正处于人生最绝望的关口。

世界上最了解一个人的，永远是他本人。我们眼中所看到的对方永远是局部的。针不扎在自己身上，你就不知道有多疼。因此，你自以为有些事情是对方最好的选择，却未必是他想要和需要的。

朋友向你抱怨老婆总爱花钱，可能只是发一发牢骚。你回了一句："这样的老婆，不行就离吧！"却不知道他白手起家时得益于其妻子没日没夜地帮忙奔走。

晚辈向你讲述准备考研的种种辛苦，你回了一句："研究生遍地都是，不行就别考了！"却不知道这位晚辈从上大学就在为考研做准备，一直有一个名校梦。

不了解对方，随意替他人拿主意，不仅有失分寸，有时还会让对方觉得你十分不理解他。这也因为我们会想当然地认为，既然对方向我来寻求安慰，那么我就有义务为对方提出解决办法。

殊不知，每一个被烦恼折磨的人，在寻求安慰之前，都是经历过尝试和探索的。很多时候他们需要的不是一个解决问题的办法，而是一次"深有同感的理解"。这样的理解能帮他们缓解内心的压力。

任何事情的发生，都是有一定原因的。所以我们不要做事后的诸葛亮，以此来显示自己的英明，埋怨或数落对方的失策。比起盲目地替对方拿主意，不如认真地倾听对方的无奈，了解对方的经历，让他感受到能够被倾听、被读懂和被认可，这才算是一种有益的安慰。

真正的安慰需要走心的倾听，更需要有力的行动

安慰一个人，需要走心，设身处地为他着想。有些情绪，我们只能用陪伴、用倾听、用语言的宽慰来进行安抚。但有些情况，却需要用具体的行动来给予支持。他为什么而难过？他在忧虑什么？有些事情可能是他解决不了的，这时就需要你站出来，采用有力的行动，帮他渡过难关。

朋友被开水烫伤了，语言的安慰让人心宽："天呀！这一定很疼吧！我看着都心疼了！"但如果你能为他买来一个专门治疗烫伤的药膏，就会更加贴心。

朋友刚刚失业，十分焦躁，你开导和安慰他的同时，也可以尽己所能，为他找来近期网上发布的求职信息，协助他获得新的工作机会。

这就是走心。把对方装在心里，不仅靠一厢情愿、一腔真诚去跟对方交流，而是语言和行动并用，成为他坚实的后盾。这样的安慰，才是最有价值的。

如何委婉地说"不"

不愿意听到别人的反对与拒绝，这是人之常情。说话高手们总结出一些让别人高兴地、顺利地、心悦诚服地接受"不"的技巧。

日本明治时代的大文豪岛崎藤村被一个陌生人委托写某本书的序文，几经思考后，他写下了这封拒绝的回函。

"关于阁下来函所照会之事，在我目前的健康状况下，实在无法办到，这就好像是要违背一个知心朋友的期盼一样，感到十分的懊恼。但在完全不知道作者的情况下，想写一篇有关作者的序文，实在不可能办到，同时这也令人十分担心，因为我个人曾经出版《家》这本书，而委托已故的中泽临川君为我写篇序文，可是最后却发现，序文和书中的内容不适合，所以特别地委托他，反而变成一种困扰。"

在这里，藤村最重要的是要告诉对方"我的拒绝对你较有利"，也就是积极传达给对方自己"不"的意志的一种方法。而这样的说辞，又不会伤害到委托者想要达成的动机。

通常，当我们被对方说"不"而感到不悦的理由之一，是因为想引诱对方说出"好"而达成目的的愿望在半途中被阻碍，因而陷入欲求不满的状况。所以既不损害对方，又可以达成目的说"不"的最好方法，就是让对方想委托你时，当"达成动机"被拒绝后，反而会认为更有利的是另一种"达成动机"，而只要满足这一种"达成动机"就可以了。

藤村可以说是十分了解人的这种微妙心理，所以暗地里让对方觉得"被我这样拒绝，绝对不会阻碍你目的的达成"。我们在拒绝他人时，也可以用这样方法，让对方觉得说"不"，是对对方有好处，这不仅不会损害到对方的感情，而且还可以让对方顺利地接受你所说的"不"。

战国时期韩宣王有一位名叫缪留的谏臣。有一次韩宣王想要重用两个人,询问缪留的意见,缪留说:"曾经魏国重用过这两人,结果丧失了一部分的国土;楚国用过这两个人,也发生过类似的情形。"

接着,缪留还下了"不重用这两个人比较好"的结论。其实,就算他不给出答案宣王听了他的话也会这么想。这是《韩非子》里相当著名的故事。

这种说"不"的方法,之所以这么具有说服力,主要是因为这两个人有过失败的教训造成的,但缪留在发表意见时,并没有马上下结论。他首先对具体的事实作客观地描述,然后再以所谓的归纳法,判断出这两个人可能迟早会把国家出卖的结论。说服的奥秘就在此。相反,如果宣王要他发表意见时,缪留一开口就说:"这两个人迟早会把我国卖掉",等等。结果会怎样呢?可能任何人都会认为"他的论断过于极端,似乎怀恨他们,有公报私仇的嫌疑。"形成不易让大家接受"不"的心理,即使他在最后列举了许多具体事实,也可能无法造出类似前面所说的客观事实来。

所以,我们在必须向别人说出他们不容易接受的"不"时,千万不要先否定性地给出结论,要运用在提议阶段所否定的论点,即"否定就是提议"的方式,不说出"不",只列举"是"时可能会产生的种种负面影响,如此一来,对方还没听到你的结论,自然就已接受你所说的"不"的道理了。

我们曾听说过可以负载几万吨水压的堤防,却因为蚂蚁般的小洞而崩溃的例子。最初只是很少水量流出而已,但却因为不断地在侧壁剧烈地倾注,最后如怒涛般地破堤而出。

这种方法可以适用于说"不"的技巧里,也就是说,要对不可能全部接受的顽固对方说"不"时,反复地进行"部分刺激",而让对方全盘地接受你的"不"的意思。

　　例如，朋友向你推荐一名大学毕业生，希望在你管辖的部门谋求一个职位时，想在不伤害感情的情形下加以拒绝，这时可以针对年轻人注重个人发展和待遇方面，寻找出一种否定的理由，反复地说："我们这里也有不少大学生，他们都很有才华……""这里的福利待遇都很一般……""在这里干，实在太委屈你了……"，等等。相信那位大学生听了这些话后，心里就会产生"在这里干没什么前途"的想法，再也不做纠缠，客气地向你告辞。